SANTERÍA

LA RELIGIÓN YORUBA
Y SUS RAÍCES EN CUBA:
CULTOS Y TRADICIONES

Santería

La religión yoruba y sus raíces en Cuba: Cultos y tradiciones

Fernando Silva Tonche

Grupo Editorial Tomo, S.A. de C.V.,
Nicolás San Juan 1043,
03100, México, D. F.

1a. edición, noviembre 2010.

© Santería. La religión yoruba y sus raíces
en Cuba: Cultos y tradiciones
Luis Fernando Silva García

© 2010, Grupo Editorial Tomo, S.A. de C.V.
Nicolás San Juan 1043, Col. Del Valle
03100 México, D.F.
Tels. 5575•6615, 5575•8701 y 5575•0186
Fax. 5575•6695
http://www.grupotomo.com.mx
ISBN-13: 978-607-415-185-5
Miembro de la Cámara Nacional
de la Industria Editorial No 2961

Diseño de portada e ilustraciones: Karla Silva
Formación tipográfica: Tato Garibay
Supervisor de producción: Leonardo Figueroa

Este libro se publicó conforme al contrato establecido entre
Luis Fernando Silva García y Grupo Editorial Tomo, S.A. de C.V

Impreso en México - Printed in Mexico

INTRODUCCIÓN

Desde el antiguo imperio de Oyo, en Nigeria, llegó esclaviza-do a Cuba una parte de su pueblo, trayendo consigo el origen de la hoy conocida regla de Osha o santería. Un culto animis-ta donde sólo una piedra está habita por poderosas energías a las que veneran, alimentan y cuidan. Los santeros ven en su religión una vía para resolver los problemas de esta vida; rendir culto a los orishas es recibir protección y ayuda, y cuentan para ello con un centenar de obras que se realizan para venerar a sus santos.

Dos grandes grupos religiosos han llegado hasta nuestros días: la regla de Osha o santería y el palo monte. La regla de Osha o santería es la religión de origen lucumí que conocemos como yoruba. Originaria de las áreas actuales de Nigeria, es un culto politeísta que presenta en su panteón un numeroso nú-cleo de deidades llamadas orishas eminentemente terrenales —de ahí su popularidad.

En las fuentes históricas y relatos de la conquista del Nuevo Mundo, se narra cómo los conquistadores llegaron a las islas del Caribe, como Puerto Rico, Cuba y La Española, trayendo esclavos procedentes de las costas africanas para realizar el trabajo en las haciendas azucareras. La lucha del africano por conservar sus creencias y costumbres religiosas en diversos países del Nuevo Mundo y en todas las Antillas Mayores ocasionó el surgimiento de un "sincretismo religioso". En Haití surgió con el "vudú", en Santo Domingo con el "gagá" y en Cuba con la "santería".

Esta religiosidad yoruba se mezcló en Cuba con las prácticas religiosas de otras culturas africanas y con la doctrina católica, que se mantuvieron bastante homogéneas mediante un culto que se ha ido definiendo a través de muchos años en el pueblo cubano y que se va afirmando entre los creyentes que lo practican.

Los esclavos que fueron transportados al Nuevo Mundo a principios del siglo XVI llegaron por buques españoles desde las costas occidentales de África. A éstas se les llamaba "Costa del Arroz", en el tramo que va desde Liberia hasta la Costa de Marfil; "Costa de los Esclavos", desde el Togo y Dahomey hasta el oeste de Nigeria; y "Costa de Guinea", el tramo que va desde Costa del Oro —hoy Ghana— hasta el Calabar, en Nigeria.

En una amplia zona que comprende la Costa de Oro y la Costa de los Esclavos, que abarca desde Ghana a Nigeria y hasta llegar al río Níger, se desarrollaron una serie de reinos que fueron cambiando en influencia conforme eran conquistados por sus vecinos. De esta zona de África occidental llegaron al Nuevo Mundo una innumerable cantidad de africanos que habían sido influenciados por el pueblo yoruba. Tres son los reinos principales que protagonizarán la vida de la región hasta finales del siglo XIX: situados de oeste a este, Dahomey, Oyo y Benín.

El pueblo yoruba proviene de Nigeria y comprende un número importante de grupos étnicos, como los egba, ketu, ijebú e ifé, entre otros. Estos yorubas emigraron del antiguo Dahomey, de Togo, y sobre todo, del sudoeste de Nigeria, que limita des-

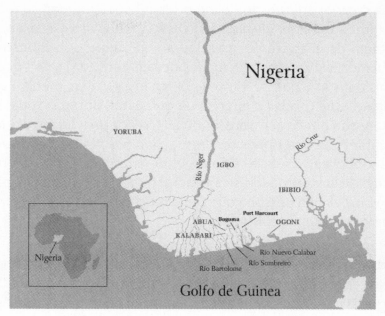

Mapa de Nigeria, cuna de la santería cubana.

de la costa de Guinea, al sur, hasta unos 330 km al norte, y desde el Golfo de Benín, al oeste, hasta el Dahomey, zona que se caracteriza por grandes bosques.

Los orígenes del pueblo yoruba los encontramos en sus mitos y leyendas, que fueron conservados en su tradición oral durante siglos. Es a través de sus mitos que el yoruba puede explicarle al mundo cómo fueron sus orígenes, quiénes son sus dioses y todo lo que se quiera conocer acerca de sus costumbres, creencias o ritos. Incluso, las historias de los reyes eran conservadas por esta vía, dado que los tamboreros de la corte se dedicaban a cantar las mismas.

Para los yorubas, la ciudad de Ifé, cuyo nombre exacto es Ilé-Ifé ("tierra de Ifé") es, desde hace siglos, una ciudad sagrada, ya que la tradición sostiene que fue en ese lugar donde comenzó la creación del mundo.

La cosmogonía yoruba tiene la idea de una entidad superior integrada por tres divinidades: Olofi, Olodumare y Olorun. La primera de ellas creó el mundo, que inicialmente sólo estaba poblado por "orishas" (deidades de la naturaleza) y de "poder sobrenatural", que se expresa entre los yorubas mediante la palabra *ashé* (poder o energía de que están dotadas todas las cosas, que puede ser transferido a algo por una deidad al identificarse bajo una forma concreta). Significa "la fuerza", no en el sentido de violencia, sino en el de energía vital, y determina desde la integridad física y moral hasta la suerte, pues para los yorubas una persona que tiene mucho *ashé* es una persona bendecida, nacida con suerte.

Posteriormente, Olofi repartió su *ashé* entre los orishas, y a partir de este momento ellos son los encargados de intervenir en los asuntos humanos y de abogar por los hombres ante Olofi, gracias a la mediación de su mensajero principal, Obatalá.

Los orishas fueron ancestros que en vida acumularon el poder y la sabiduría sobre las fuerzas naturales y la humanidad, en virtud de lo cual transitaron un día de la condición de hombres a la de dioses. Cada uno personifica ciertas fuerzas de la naturaleza y se asocia a un culto que obliga a los creyentes a ofrecer alimentos, sacrificios y oraciones para aplacar sus iras y atraer sus favores.

En la tradición yoruba también es importante la atención a los antepasados, éstos son llamados *eggun*. Este modo de ver la vida es característico de su cultura y va más allá de un reflejo religioso. Sus principios filosóficos se orientan hacia resaltar de forma fehaciente el valor que tenía la persona cuando vivía recordando sus aptitudes. De esta forma es casi obligado mantener una conexión con estos seres aún después de que partieron, como una especie de recompensa por lo bueno que hicieron en vida, además de mantener un canal abierto para ser protegidos, guiados y aconsejados desde el otro mundo.

El lugar preponderante en el arte yoruba lo tiene la música. Aunque como forma de arte tiene una significación autónoma y profana, la música está indisolublemente unida a los cultos religiosos y a la liturgia yoruba.

Lo más característico es el predominio de los tambores y especialmente la presencia de los tambores "batá", una creación exclusiva del pueblo yoruba, compuesta de tres tambores llamados "Iyá", "Itótele" y "Okónkolo", que tocan tres tamboreros. Para los yorubas "los batás hablan lengua" y cada uno de sus toques sagrados se inspira en leyendas atribuidas a sus deidades llamadas, como hemos dicho antes, los orishas.

Tras la decadencia y debilitamiento del reino yoruba en el primer cuarto del siglo XIX y las sucesivas guerras intestinas que sostuvo, se intensificó el embarque hacia América de muchos individuos oriundos de estos territorios, algunos de los cuales tenían jerarquías sociales y religiosas. Razones vinculadas con el mayor desarrollo alcanzado por esta cultura en África en los momentos en que fue sometida a la esclavitud, la inserción tardía en Cuba de cantidades significativas de hombres pertenecientes a este grupo multiétnico y los propios procesos inherentes a la sincretización, llevada a cabo en territorio cubano, fueron algunos de los factores que permiten comprender la organicidad y persistencia de estas tradiciones y su fuerte influencia entre sectores muy diversos de la sociedad cubana. De los diferentes elementos que participan de este complejo mágico-religioso, la construcción y ulterior consagración de los tambores batá constituyeron, desde el pasado siglo hasta el presente, una de las necesidades de mayor relevancia para los creyentes.

Para los yorubas, la religión está ligada a la noción de la familia en el sentido de que cada culto engendra una hermandad religiosa que se deriva justamente del orisha o antepasado común, la que abarca a los vivos y a los muertos, superando los vínculos de sangre.

Los antepasados eran adorados mediante piedras, ya que el yoruba pensaba que en éstas habitaba la energía de algún familiar. Las piedras se encontraban en sus casas, dentro de algún recipiente que le fuera común a ese antepasado, y lo mismo sucedía con las piedras destinadas a cada orisha. Y es que, según la tradición yoruba, el hombre, al morir, iba al cielo a encontrarse con Olofi, a quien daba cuentas de todas las cosas malas y buenas que había hecho durante su paso por la Tierra. Olofi, en su infinita sabiduría, lo comprendía todo y mandaba buscar al orisha protector del individuo para que éste le contase cómo se había comportado con las demás deidades durante su vida, premiándolo por sus ofrendas y su celo religioso, dándole vida eterna.

Lo convertía en lluvia y de esta forma descendía hasta la Tierra, donde se dirigía hasta el fondo de los ríos para transformarse en una piedra.

Esto sucedía de la siguiente forma: después de muerto, sus familiares se encaminaban al río haciendo grandes ceremonias mientras una de las personas más allegadas al difunto se adentraba en el mismo, acompañado de un sacerdote y vestidos todos de blanco. Al encontrarse dentro del agua, y con el permiso del babalawo que lo asistía, con los ojos cerrados, introducía la mano derecha hasta tocar una piedra en la que la persona sentía el espíritu de su familiar y sabía que él se encontraba viviendo en ella. Esta piedra se extraía del río y rápidamente se envolvía en un pedazo de tela del color preferido del muerto. En el momento de llegar a la orilla era recibida con gran regocijo por los presentes a la ceremonia. Al llegar a la casa, esta piedra era depositada dentro de un recipiente que simbolizaba la habitación o cuerpo donde iba a vivir el espíritu.

A partir de ese momento, los otanes eran reverenciados por todos los familiares, llevándole ofrendas y un poco de la comida diaria.

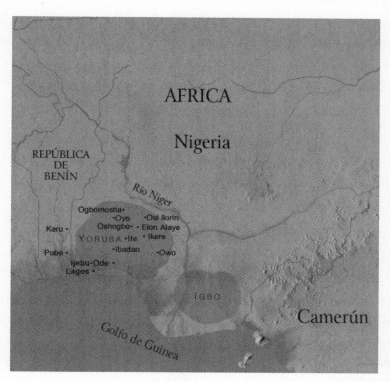

El imperio de Oyo.

A estos ancestros se les atribuía la capacidad de controlar las fuerzas de la naturaleza y la de conocer las propiedades de las plantas, por esto después de su muerte sus familiares querían mantenerse en contacto con este antepasado, para que le transmitiera su ashé por medio de un objeto. El yoruba utiliza las piedras para mantener este contacto, que se conocen con el nombre de otanes, ya que en ellas se guardan los secretos y el poder de cada orisha. Así los seguidores de estas creencias buscan de esta misma forma los otanes de los orishas, guardando luego estas piedras dentro de unos recipientes en sus casas.

Según los yorubas, el cuerpo desaparece quemado por la pasión, pero permanece su ashé, es decir, su poder, en estado de energía pura. Y para que esta energía se mantuviera pura, era necesario que los parientes del ancestro alimentaran su piedra mediante la práctica de sacrificios.

Éstos consultaban los oráculos para saber qué animal u ofrenda necesitaba el ancestro, y dependiendo de lo que le indicara el oráculo, éstos procedían a derramar la sangre de los animales sobre la piedra, ya que la sangre para los yorubas simboliza la vida. Es a través del sacrificio que se desvían las perspectivas de peligro, desgracia, infortunio y muerte prematura, de ahí que sea considerado el elemento más importante dentro del culto a los orishas, porque permite establecer una relación directa entre el hombre y el mundo suprasensible, que puede ser de gran ayuda para quienes respetan los tabúes familiares y la ética de la comunidad de una manera especial y privilegiada.

En Cuba, junto a la santería, existen otras dos tradiciones de carácter africano: el mayombé, conocido también como palo mayombe —con predominio de la cultura bantú—, y el ñañiguismo abakuá, secta organizada como sociedad secreta y originaria de Calabar (costa de Biafra), patria de los ibos y los efkis.

El palo mayombe es practicado hoy en día en diversas islas antillanas como en Puerto Rico, Haití y República Dominicana. Mientras que el abakuá solamente es practicado en Cuba. Ambos cultos son muy secretos y difíciles de investigar a fondo.

Con respecto al palo mayombe, sabemos que su filosofía también está basada en un panteón repleto de deidades y que éstos, al igual que los yorubas, sincretizaron sus deidades con el santoral católico. A pesar de ello, éstos prefieren rendir culto a los ancestros y se dedican más a trabajos de magia, la cual, según ellos, en ocasiones puede causar hasta la muerte de una persona. Estas creencias procedentes de la cultura bantú, también tomaron símbolos de la religión católica.

El panteón yoruba es muy complejo y cada deidad simboliza una parte de la naturaleza. Cada orisha nace para ayudar al hombre a enfrentarse con esa parte de la naturaleza que el orisha domina, es por tal razón que el hombre le ofrece sacrificios para conseguir de éstos su ayuda y protección.

Los orishas en África eran conocidos en todos los pueblos yoruba, pero había una deidad que pertenecía y era adorada en cada pueblo en particular, como cuando se habla en la doctrina católica de la patrona de un pueblo. En el caso de los yorubas el culto a la diosa del mar Yemayá, nace en la ciudad de Egba en Nigeria y Changó era adorado en Oyo, donde éste había gobernado.

Cuando el yoruba llega al Nuevo Mundo, éste no podía seguir adorando a una deidad solamente, sino que el africano tenía que adorar todas las deidades africanas, pues en los cabildos había esclavos de diferentes zonas de Nigeria y de África occidental. Es entonces cuando comienzan las luchas entre los esclavos para imponer sus creencias y donde surge una cantidad de deidades africanas a las cuales el esclavo identificó con una imagen del santoral católico, dando paso al ya mencionadosincretismo religioso.

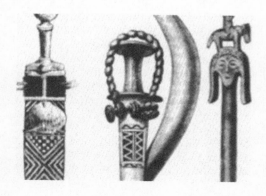

RITUALES, CEREMONIAS Y REZOS

Cada orisha tiene su color representativo, su número, su día en particular, una ofrenda en específico, sus collares distintivos y plantas donde reside su poder o ashé. Todos son diferentes y los creyentes respetan y cuidan de no equivocarse a la hora de preparar un rito o ceremonia para una deidad específica, ya que si no lo hacen pueden ganar la furia y el enojo de la misma.

Para los creyentes en la santería es muy importante conocer los elementos de cada orisha, pues éstos necesitan recordarlos a la hora de hacer un sacrificio o ceremonia. Es todo un lenguaje que sus iniciados aprenden pacientemente según los años de experiencia que lleven en la religión.

Uno de los elementos que caracterizan a la santería son las diversas ceremonias que practican sus creyentes. Estas ceremonias pueden ser celebradas por sus adeptos por diversas razones: rendirle culto a los orishas o solicitar la ayuda de éstos para una persona que lo necesite, y también para que se adentren más en los secretos de esta religión y estén preparados para la ceremonia de iniciación.

La ceremonia siempre comienza nombrando a los espíritus de sus antepasados ya fallecidos. Luego le ponen a los eggun, en algún rincón escondido de la casa, un plato con comida en el lugar donde se está dando la ceremonia, o en el jardín, o más frecuentemente en el baño de la casa, para que éstos no vayan a "molestar" durante las ceremonias. Éstos acostumbran también a ponerles coco, una copita de aguardiente sobre la cual colocan un cigarro, una taza de café fuerte con un puro, un vaso de agua y un plato del almuerzo que se ofrecerá a los presentes en ese día y una vela.

En todas las ceremonias relacionadas con los orishas, es tradicional que las personas que están realizando los ritos estén completamente vestidas de blanco, así como el que está recibiendo la ceremonia. Los hombres y mujeres se ponen los collares y normalmente utilizan en la cabeza un cubridor blanco al que llaman bombín, aunque las mujeres también suelen ponerse un pañuelo blanco atado a la cabeza. El que utilicen siempre ropa completamente blanca proviene de una tradición del pueblo yoruba, la cual es señal de bienvenida hacia las personas que los visitaban, dándoles a entender con esto que sus corazones estaban puros y con buenas intenciones para recibirlos.

En la santería, cada vez que se finaliza una ceremonia religiosa, es deber del santero o la santera explicarle a su ahijado o ahijada las prohibiciones (Ita) que éste debe acatar respecto a la ceremonia o los objetos sagrados que acaba de recibir. Seguir las normas de esta religión significa que los orishas se mantengan ayudando al creyente durante su estancia en la Tierra.

Una vez que el creyente lleve tiempo asistiendo a la casa de santo de su predilección y haya sido consultado mediante el oráculo del Dillogun por su padrino o madrina, el oráculo va advirtiéndole que ya debe recibir ciertas ceremonias para su protección en la vida. La primera ceremonia que le hacen normalmente es la de los collares. Luego, la persona debe pasar por la ceremonia de entrega de "los guerreros".

Durante esta ceremonia se realiza el sacrificio de ciertos animales que la mujer no puede realizar, por lo tanto si es un santero, él mismo prepara la ceremonia, pero si es una santera, entonces ésta debe ir a casa de un santero de su confianza para que la prepare. Muchos santeros piensan que es recomendable que se lleve al creyente a la casa de un babalawo, ya que es allí donde el santero o la santera van a confirmar con Orula, mediante los oráculos de adivinación de ésta, cuál es el orisha tutelar de su ahijado. Algunos babalawos hacen entrega de la representación del Elegguá-Eshu. Esto último es a discreción de las santeras y los santeros, ya que las casas de santo son bastante autónomas y no siempre existe una homogeneidad entre unas y otras. Aparte de esta ceremonia pre-iniciática en que se le entrega al Elegguá para que ésta cuide de él, la ceremonia de imposición de collares sí puede ser dirigida por una mujer.

ENTREGA DE LOS COLLARES

Se entiende por collar de santo al sistema de ensartes de cuentas de cristal con formas y colores específicos, que se asocian como tributo a diferentes deidades del panteón yoruba. Las cuentas reciben el nombre de matipós, y con ellas se conforman los ensartes que generalmente son sencillos o de una sola hilada, y los llamados de mazo, que se hacen con varios hilos unidos de trecho en trecho con cuentas más grandes. Se hacen para uso personal, como el collar sencillo, y unas pulseras a las cuales se les denominan ildé.

Cuando el collar está acabado de confeccionarse se dice que es un collar judío y se le llama eleke, cuando pasa la ceremonia de consagración se le denomina iñale o ñale. Los collares pueden ser divididos en tres formas. Los sencillos tienen un solo hilo y se colocan alrededor del cuello; su largo depende de la estatura del que lo usa, ya que deben terminar a la entrada del estómago, siempre y cuando los números y marcas se mantengan sin alteración en la cantidad de cuentas. El collar doble es poco usual y se hace de dos hiladas paralelas unidas de tramo en tramo por una gloria, que puede ser azabache, un coral o un caracol. Cada orisha tiene su collar de fundamento o básico a partir del cual el babalawo o padrino dispone otros ensartes para su ahijado en dependencia del camino que él entienda que debe seguir.

La ceremonia conocida como "poner collares" es esencial para que un individuo pueda pasar por la ceremonia de iniciación. Estos collares representan la esencia y la energía de los orishas. Solamente pueden ser consagrados y entregados por santeros, ya que ellos tienen el ashé para energizarlos.

En el procedimiento de confección, los collares pueden ser ensartados por una ensartadora, a la cual el padrino le encarga el trabajo con sus indicaciones específicas en cada caso; en otras ocasiones es el propio babalawo o padrino quien los confecciona. Se debe hacer con hilo de algodón —nunca con hilo de nylon—, tener en cuenta el tamaño y el ordenamiento de colores con el número de cuentas, así como el tipo de las mismas en dependencia de la tutela del orisha. La ceremonia de imposición se conoce como medio santo y en ella sólo se reciben los collares; posteriormente se entregan los guerreros. El collar cobra vida al ser impuesto, y para que permita a su poseedor sentir la protección real contra todo mal (objeto principal de su imposición) deben observarse reglas de austeridad y comportamiento que regulan la vida del oficiante, de aquí el valioso papel que desempeñan dentro de la religión yoruba.

Cuando el collar se va a iniciar debe lavarse, bañándolo con sangre de los animales que han sido sacrificados al efecto. Este ritual, que se conoce como asiento, dura tres días. Se les ofrece comida denominada omiero y se le efectúan rezos llamados súyeres, los cuales deben ser dichos siempre en lengua yoruba por el oficiante y por el padrino, de acuerdo con lo estipulado en las Libretas. El padrino, antes de imponer el collar, ha debido consultar el sistema adivinatorio o Tablero de Ifá, que le revelará cuál es el santo o santos protectores del iniciado o ahijado y a partir de éstos se harán las ceremonias. En este momento se pueden adicionar otros collares, o a los collares de base otros caminos o avatares, con la unión de otros santos para la vida futura.

Una vez efectuada la ceremonia se dice que los collares están trabajando. Para el nuevo oficiante hay normas de obligatorio cumplimiento en el uso diario. La más importante es dar de comer a los collares periódicamente y estar muy atento al comportamiento de estos, ya que ellos le hablarán a su dueño. Por ejemplo, cuando se enroscan, puede que le suceda algo malo a su portador, quien debe acudir rápidamente al padrino para que éste le diga cómo actuar en ese caso. Lo mismo sucede si se rompen, que es más peligroso aún, por lo que hay que buscar inmediatamente al padrino.

Los collares pueden ser expuestos a la vista de todos, colocados en el cuello, o usarse escondidos y hasta ser llevados en una bolsita en el bolsillo o en la cartera, dependiendo del caso. Tanto para la mujer como el hombre, existen reglas que limitan su uso durante las actividades sexuales, y en el caso de la mujer, debe quitárselo cuando tiene la menstruación.

El santero le entrega al creyente cinco collares que representan, según sus colores, a los cinco orishas principales, éstos son: Elegguá, Obatalá, Yemayá, Changó y Oshún. Existen otros collares que los santeros pueden entregarle a los iniciados, pero eso dependerá del orisha tutelar que protege a la persona. Esto quiere decir que, si la persona a la que le estén entregando los collares es hija o hijo de Oggún, debe recibir los cinco collares antes mencionados más el de la deidad Oggún.

Debido a que la ceremonia de entrega de collares puede variar dependiendo de los orishas que rigen a la persona, estos collares pueden estar hechos de formas diferentes. Los santeros, en algunos casos, suelen llevar primero a la persona a un babalawo para que con el oráculo de adivinación indique cuál es el orisha tutelar de la persona. Esto también se hace para evitar la relación entre "santos con prohibición". Estas prohibiciones entre unos orishas y otros existen también entre los hijos e hijas de Oyá y Yemayá y entre los de Changó y Oshún.

Ésta es una prohibición ritual que se respeta mucho, porque se piensa que, de no hacerlo así, puede traer problemas serios que van desde la ruina económica hasta problemas mentales. De esta forma, un santero o santera que tenga como orisha tutelar a la deidad Oyá, y tenga cierto grado de responsabilidad, debe eximirse de realizar cualquier tipo de ceremonia a los hijos de Yemayá. Igualmente, un santero o santera iniciado en los secretos de Yemayá no puede hacer ningún tipo de ritual a los hijos de Oyá. Incluso las soperas de Oyá y Yemayá no pueden estar juntas en la casa de los santeros. Lo mismo sucede con los santeros que hayan sido iniciados en los secretos de las deidades Oshún y Changó.

Para que el creyente reciba los collares de los orishas es preciso que las deidades se hayan "manifestado" por medio del oráculo, es allí donde la deidad define si la persona necesita los collares, que puede ser por diferentes razones: para mejorar su salud, por protección o porque está en el destino de la personas pasar por la ceremonia de iniciación.

Cualquiera que sea el caso, la persona debe seleccionar a un santero o santera responsable con la cual se va a unir espiritualmente bajo el vínculo de padrino o madrina, siendo los orishas intermediarios en esta unión. El día antes de la ceremonia de collares, el padrino o madrina le entrega al creyente un poco de omiero para que se bañe con él. Mientras, el padrino o madrina prepara el cuarto de santo donde se encuentran las soperas de cada uno de los orishas.

Los collares que va a recibir el creyente son puestos dentro de cada sopera donde habita la deidad que los representa. El santero o la santera ponen un poco de omiero dentro de la sopera de cada orisha y deja allí los collares por veinticuatro horas para que "coman" o se energicen con el ashé de los orishas.

El día de la ceremonia, la persona debe traer ropa blanca para cambiarse y tirar la ropa vieja que traía puesta, simbolizando el comienzo de una nueva vida. Antes de la imposición de collares, el padrino o la madrina hace una ceremonia conocida como rogación de cabeza.

Esta ceremonia tiene como finalidad el preparar y armonizar los planos físico, mental y espiritual del creyente para que el encuentro con los orishas sea óptimo. Durante la ceremonia, los santeros preguntan a los orishas y a los eggun a través del oráculo si están conformes con lo que se está haciendo y si el creyente está preparado para recibir los collares; si las respuestas del oráculo son afirmativas, entonces el padrino o la madrina procede a la ceremonia final, en donde se entonan cantos y rezos en yoruba mientras se van colocando al aleyo los collares uno por uno.

Al finalizar la ceremonia, el padrino o la madrina, junto con un santero o santera de su confianza que los ayuda durante las ceremonias, y que se conoce como oyugbona, explican las reglas y prohibiciones que debe respetar el aleyo. Éstos le dicen qué debe o no hacer con los collares, además del significado del compromiso de respeto que debe tener hacia los santeros y hacia la religión.

Estos collares se diferencian unos de otros en función del orisha que representan. Antiguamente, se usaban cuentas hechas en madera pintadas con extractos vegetales. Hoy en día son preparados con cuentas plásticas de colores y son fáciles de obtener, además se pueden conseguir los collares ya hechos en cualquier lugar donde vendan objetos religiosos africanos, conocidos como botánicas.

Los collares de los orishas son fundamento sagrado de la religión yoruba y deben ser respetados por sus adeptos, tanto al momento de recibirlos como en su uso cotidiano. El verdadero sentido de su uso es llevar siempre consigo la poderosa energía de los orishas.

Muchas personas hoy en día los llevan puestos en todo momento; otras no pueden llevarlos puestos, pues muchas veces tienen miedo de ser rechazados, ya que esta religión es vista por muchos como un tabú. Esto sucede debido al gran desconocimiento que existe respecto a las prácticas de santería.

Entre las prohibiciones que tiene el aleyo una vez que recibe los collares, están: no dejarlos puestos para bañarse, pues supuestamente éstos pierden la energía de los orishas al entrar en contacto con el agua y sólo se energizan nuevamente con agua de coco.

El agua en santería tiene diversas funciones, ya que la misma puede dar energía y vitalidad a una persona durante las ceremonias de purificación, pero también puede hacer desaparecer la misma cuando entra en contacto con los objetos de culto. Los collares no pueden ser tocados por otra persona que no sea su propio dueño, ya que según los creyentes la energía de las demás personas quitaría la fuerza o el ashé a los mismos.

DIFERENTES TIPOS DE COLLARES

- Canutillos: Cuentas muy pequeñas, de cristal, de menor talla que las normales.

- Cauris: Caracol muy especial que solamente existe en África.

- Collar de fundamento: Es el collar de base por cada santo a partir del cual se harán los caminos.

- Collar de mazo: Se realiza con varias hiladas de cuentas, unidas con cuentas grandes. Se usa solamente para oficiar.

- Collar doble: Collar de dos hileras de cuentas.

- Collar simple: Collar de una sola hilada.

- Eleke: Collar de santo sin pasar por la ceremonia, se le llama también collar judío.

- Glorias: Cuentas grandes que se insertan en los collares.

- Ildé: manilla o pulsera con los colores del santo, la más usada es la de Orula.

- Iñale: Collar de santo consagrado.

Collares usados en la santería.

- Matipó: Cuenta de collar sin brillo.

- Mostacilla: Cuenta muy pequeña de cristal.

LOS COLLARES Y
LOS ORISHAS

AGGAYÚ: Orisha mayor, recibe también el nombre de Aggayú Solá y Argayumare en el panteón yoruba. En el de Palo Monte se le llama Quendú y se sincretiza con el santo católico San Cristóbal. Se le considera patrón de los caminantes.

Simboliza al hombre fuerte y violento del referido panteón. Es el que sostiene al mundo y en muchas ocasiones se personifica con el Sol. También se llama el gigante de la Osha. Es el padre de Changó, poderoso y temido, dueño del río que se desempeña desde lo alto. Y también dueño de la tierra rica con posibilidades óptimas para la siembra.

Otra de sus características es la de ser poseedor de energía. La ciudad de la Habana lo tiene como su santo patrono al que se le rinde homenaje. Su refugio como orisha es la palma real. Tiene similitudes en la cosmogonía aruaca-taína y con Huión, que representa al sol y a la divinidad dueña de la tierra.

Presenta collares sencillos y su número de marca es el nueve o múltiplos de nueve hasta llegar al dieciocho. Hay otros números que también se usan con este santo como son el tres y el seis, pero en esa ocasión se saltean los colores en la confección del collar.

El color más representativo de sus cuentas es el carmelita o el cacao, aunque colores como el azul turquesa, el punzó oscuro, y también el amarillo, el verde y el rojo pueden alternar en el collar. A partir de su collar de base presenta algunas variantes que pueden ser:

- Cuentas carmelitas con otras cuentas de agua de jabón hasta llegar a dieciocho alternadamente, lo que se repetirá al final del collar, se le agregan en ese momento tres colores diferentes.

- Cuentas de color cacao alternas con nueve cuentas que pueden ser azul turquesa, otras veces rojas, verdes y amarillas.

- Cuentas tipo perlas, en color rojo y blanco, con una secuencia de seis en seis, se pueden usar también perlas de vidrio color rojo.

- Cuentas de color cacao a las que cada nueve se le insertan otras de color rojo y azul turquesa, o también verde y amarillo.

- Cuentas rojas en número de nueve, y ocho amarillas. Esta secuencia se interrumpe con una cuenta blanca grande, el orden se repite luego hasta el final.

BABALÚ-AYÉ: Las cuentas que llevan su collar son matipós opacas, de base blanca con rayitas azul agua.

Puede presentar variantes en su collar de base como son:

- Una hilada completa de matipós blancos con rayitas azules sin interferencia de ningún otro color.

- Cuentas de perlas blancas y azules en secuencia corrida.

- Cuentas negras, con matipós de Oyá de varios colores, matipós de San Lázaro blanco con rayas azules y cuentas rojas. Todas se combinan al gusto y a veces se le añaden cauris o caracoles africanos horadados.

ELEGGUÁ: El tipo de collar que se usa es el sencillo y su número de marca es el tres.

Sus colores son el rojo y el negro, que significan la vida y la muerte, el principio y el fin, lo uno y lo otro, en fin, la dualidad.

Las diferentes variantes que puede llevar el collar de base son las siguientes:

- Cuentas rojas y negras alternas.
- Matipós negros y rojos a los que se les saltea algo de blanco y se le pone azabaches.
- Cuentas de perlas blancas y negras.
- Tres cuentas rojas, tres cuentas negras y tres cuentas blancas, hasta terminal el cordel.
- Cuentas blancas y negras alternas.

OBA: Orisha mayor, es una de las mujeres de Changó, símbolo de la felicidad conyugal. Es la eterna enamorada y abogada de las causas difíciles. Presenta un tipo de collar sencillo, su número de marca es el ocho y el cinco. Sus colores más representativos son el carmelita y el ámbar, así como también las cuentas de jabón. Las cuentas rosadas y amarillas son parte de las que se usan siempre en sus collares.

Los collares de base y sus variantes son las siguientes:

- Ocho cuentas de jabón, ocho carmelitas salteadas con cinco de ámbar.
- Veintisiete carmelitas, tres de miel y una de coral, se vuelve a repetir hasta llegar al tamaño deseado.
- Rosadas y lilas alternas.
- Cuentas moradas y lilas alternas.

OBATALÁ: Sus collares son sencillos y su número de marca es el ocho o múltiplo de ocho.

Su color es el blanco, aunque sus collares pueden recibir el rojo, coral, verde, morado, nácar y agua de jabón. También se le pueden adicionar cuentas de marfil.

Los collares de fundamento pueden ser variados:

- Cuentas blancas continuas con un solo punto de color.

- Dieciséis blancas, cuatro de agua de jabón, una de coral, cuatro de agua de jabón, que se repiten hasta el final.

- Perlas blancas en secuencia y algún color insertado, que puede ser negro, rojo o azul con una sola cuenta.

- Veinticuatro cuentas blancas, una roja y una de marfil o nácar.

ODDÚA: Su número de marca es el cuatro y sus colores son el blanco y el color del coral.

Sus colores son de una sola hilada y deben tener 46 centímetros (dieciocho pulgadas) de largo.

- Cuatro cuentas verdes y cuatro blancas alternándose hasta el final.

- Una cuenta verde y una blanca consecutivamente.

- Dieciséis cuentas verdes y dieciséis blancas, con una de nácar entre ellas o también marfil.

- Dieciséis blancas, ocho rojas, ocho blancas, una de coral y ocho blancas, así hasta el final.

- Collar con ocho secciones de cuentas blancas de leche, separadas entre sí por dos cuentas de nácar que llevan en el medio un coral.

OGGÚN: Su tipo de collar es sencillo, y sus números de marca son el tres y el siete. Sus colores son el negro, verde y a veces algo de rojo.

Sus collares de fundamento son:

- Una cuenta negra y otra verde con alguna cuenta salteada en rojo.
- Cuentas verdes transparentes y cuentas negras alternadamente; cuando es verde transparente tiene cuchillo.
- Veintiún cuentas negras y siete verdes, una roja, un azabache y una cuenta roja, así se continúa hasta el final.
- Tres cuentas negras y tres cuentas verdes hasta el final.
- Siete cuentas verdes, una roja, siete cuentas negras y una cuenta roja, que se repiten hasta el final.

ORULA: Su tipo de collar es sencillo, su número de marca es el ocho y sus colores son el verde y el amarillo.

Sus collares de fundamento son:

- Cuentas verdes y amarillas alternas. Este collar sólo lo puede imponer el babalawo y también tiene una manilla o ildé con iguales colores alternos en verde y amarillo uno a uno.
- Cuentas rojas y verdes alternas jugando también con el brazalete o ildé.
- Ocho cuentas rojas, ocho cuentas azul pálido, ocho blancas, ocho carmelitas y ocho amarillas, después irán ocho blancas y ocho rojas, y así hasta el final.
- Cuentas de perla de vidrio amarillo opaco y verdes alternas.

OZAÍN: El collar de fundamento se puede hacer de esta manera:

- Cuentas de varios colores como el rojo, azul, verde, blanco, etcétera.
- Se le adicionan a este collar monedas de plata, cuentas de nácar, marfil, ámbar y también cáscara de jicotea, espue-

las de gallo, piel de tigre, granos de maíz tostado, colmillos de perro y otros elementos.

OCHOSI: Las variantes de collares de fundamento son:

- Dos hilos con catorce cuentas azules en cada uno, se unen pasando por tres cuentas de miel, una de ámbar y tres de miel. Se continúa salteándole caracoles y un coral.
- Matipós de color verde brillante en secuencia corrida.
- Perlas de color verde claro o violeta claro en secuencia corrida.
- Dos hilos de cuentas azul Prusia y, de tramo en tramo, una cuenta de ámbar rematada con cuatro caracoles separados de dos en dos por un ámbar; se alternan algunas cuentas de coral.

OSHÚN: Su número de marca es el cinco y sus múltiplos, pero el ocho es su día y también su número.

Sus colores son el amarillo y el rojo. Siente predilección por el oro, así como todo lo que sea dorado. Su collar es simple y tiene representado un sinfín de variantes, con caminos diferentes. Sus collares de fundamento son:

- Hilada corrida de matipós amarillos brillantes.
- Perlas de vidrio amarillas o de ámbar con cuentas rojas alternas de cinco en cinco.
- Perlas de color amarillo en cinco o múltiplos de cinco, a las que se le intercala una cuenta roja cada cinco cuentas.
- Cinco ámbar, una roja, cinco amarillas.

OZUN: Su collar es sencillo y su número de marca es el ocho. Su color es el azul claro, el blanco, el amarillo y el rojo.

Sus collares de fundamento son:

- Ocho cuentas azul claro, ocho amarillas, ocho blancas y ocho rojas.

- Cuentas de cuatro colores: blanco, azul, amarillo y rojo que señalan los caminos. Éstos están separados entre sí por dos cuentas de nácar que llevan en el medio un coral.

- Dieciséis cuentas blancas y ocho punzó que se alternan hasta el final.

OYÁ: Su número de marca es el nueve y sus colores son muy variados. Su collar es uno muy sencillo, con varios collares de fundamento como son:

- Nueve cuentas carmelitas con rayas negras y blancas, a continuación una roja o marrón y nueve carmelitas alternándose.

- Nueve cuentas negras y nueve cuentas blancas alternas.

- Perlas de vidrio o canutillos de color siena claro y oscuro en secuencia corrida.

- Nueve cuentas blancas y nueve negras, hasta hacer nueve de cada grupo.

CHANGÓ: El tipo de collar que se lleva es de una sola vuelta, o sea sencillo.

- Su número de marca es el cuatro o múltiplo de éste, y su collar es el rojo, símbolo del amor y la sangre, al que se le adiciona también el blanco para refrescarlo.

- Cuentas de perlas rojas y blancas alternas también una a una.

- Una cuenta blanca y otra roja, seis blancas y seis rojas a lo que le sigue una blanca y una roja hasta llegar a doce y después seis blancas y seis rojas; comienza luego otra vuelta igual hasta llegar al tamaño deseado.

YEMAYÁ: Su collar es sencillo, su número de marca es el siete y su color es el azul en todas sus tonalidades variantes.

Sus collares de fundamento son:

- Cuentas azules de agua, corridas.

- Perlas de vidrio blancas y azul claras o translúcidas, con alternancia de siete cuentas en siete.

- Cuentas de vidrio opaco transparente de color azul ultramarino que se alternan de siete en siete o sus múltiplos, ya sea catorce o veintiuno.

CÓMO DEBEN USARSE LOS COLLARES

1. El collar es sagrado y debe respetarse tanto como al orisha que representa.

2. Deben usarse alrededor del cuello; en medida de lo posible no deben portarse en la bolsa o dentro de la cartera.

3. No deben estar enredados.

4. Cuando no se usan se mantienen sobre las soperas o estirados sobre un paño blanco de algodón.

5. Nunca se prestan.

6. No se debe dormir con los collares puestos, sólo en caso de enfermedad se usa el de Obatalá.

7. No debe tenerse relaciones sexuales con los collares puestos.

8. El collar es una prenda personal, no debe mezclarse con el de otros, cada quien debe tener el suyo.

Cómo refrescar los collares

Se refrescan colocándolos dentro de una sopera que contenga agua de coco y miel por un tiempo de veinticuatro horas.

Ritual de entrega de los guerreros

Se conoce con este nombre a una ceremonia por la que debe pasar el creyente después de la entrega de los collares y es esencial para que se pueda pasar por la ceremonia de iniciación. En esta ceremonia son consagradas deidades que simbolizan la fortaleza y el sustento de la persona que las recibe.

Estos orishas son considerados en santería como deidades muy poderosas y guerreras. Uno de los orishas que se entregan es Elegguá; esta deidad representa el destino de las personas que lo reciben. Es entregado para que todo lo bueno que Olofi tiene pensado para esa persona le llegue sin obstáculos, también para que a la persona le vaya bien en el aspecto económico.

Los otros orishas que son entregados en esta ceremonia son: Oggún, deidad que simboliza todos los objetos hechos de metal, y que previene a la persona de accidentes de tráfico e incluso frente a problemas con la justicia como la cárcel; la siguiente deidad es Ochosi, ésta simboliza el sustento diario, ya que es la deidad de los cazadores; y por último Ozun, esta deidad es muy importante para el que la recibe, ya que representa la vida del iniciado y "previene" a su dueño de cualquier peligro.

Elegguá sólo puede ser entregado por un santero o un babalawo. La representación de esta deidad no siempre es preparada de la misma forma, ya que existen diversas representaciones de Elegguá, pues hay personas que lo tienen hecho de cemento, de piedra o de coral; en su parte delantera tiene caracoles que forman los ojos, la nariz y la boca del orisha. Los fundamentos que lleva dentro esa piedra van a depender del oráculo y de la deidad tutelar del creyente que lo está recibiendo.

Una vez que la persona recibe esta ceremonia, coloca a su Elegguá detrás de la puerta de entrada de su casa. Esto lo hace

Los guerreros.

el creyente para estar protegido de todas las personas que entren a su casa con malas intenciones. Pero el Elegguá-Eshu que se recibe de manos del babalawo no puede ir dentro de la casa del creyente, sino afuera de la misma, ya sea en el balcón o en el patio. El Elegguá-Eshu que prepara el babalawo es diferente al que prepara el santero, éste es un camino de la deidad Elegguá que tiene como función cuidar a la persona que lo recibe del mal y la muerte.

Como hemos mencionado antes, el Elegguá que se encuentra dentro de la casa del creyente es visto como un niño, por eso está sincretizado con el niño de Atocha. Los santeros le ponen dulces y juguetes. Se le sopla ron, puro y otras sustancias al otan de Elegguá todos los lunes, esto lo hacen para tener una semana libre de complicaciones.

Los orishas Oggún y Ochosi son entregados en una caldera; dentro de la misma se encuentran las herramientas que simbolizan a estas deidades. Mientras que Ozun es representado por una copa en metal que tiene un gallo en su parte superior. Los santeros ponen esa copa en un lugar alto dentro de la casa y, si esta copa se llegara a caer por sí sola, es porque le está advirtiendo a su dueño de que su vida corre peligro.

En muchas culturas se piensa que la vida de un individuo o su alma reside o está guardada en un objeto, y que si este objeto llegara a destruirse, se destruiría la vida de la persona. En la filosofía yoruba no sucede de igual forma, pues si se destruye el Ozun la persona no muere, pero sí es importante reconocer que si éste cae por sí solo, entonces la persona está siendo advertida de que algo malo le puede suceder, por lo que aquél puede ser visto como un vigilante o un guía del que lo recibe.

CEREMONIA DE ENTREGA DE ILDÉ-FÁ

Antes de pasar al tema de la iniciación debemos explicar que existe una ceremonia pre-iniciática de suma importancia que el padrino o la madrina no puede olvidar.

En esta ceremonia de Ildé-Fá: El santero o la santera debe llevar a su ahijado a la casa de un babalawo de su confianza para que éste le ponga una pulsera de cuentas verdes y amarillas que recibe el mismo nombre que este rito.

Esta ceremonia solamente puede ser dirigida por el babalawo, ya que la pulsera pertenece a Orula, orisha tutelar de todos los babalawos.

El siguiente appataki nos cuenta el poder del ildé.

Orúnmila hizo un pacto con la muerte, ya que ésta era muy poderosa. Una vez la Ikú perdió su bastón que le daba poder para llevarse a las personas cuando ella quisiera y no cuando Olofi lo decidiera. Orúnmila le dijo a la Ikú que, si quería tener su bastón nuevamente, él le ayudaría ya que tenía uno igual, pero que a cambio ella tendría que respetar a toda persona que tuviera su pulsera de cuentas verdes y amarillas puesta. Fue así como surgió la historia que cuenta que la Ikú no puede llevarse a nadie que tenga la pulsera de Orula puesta, ya que sólo Orúnmila, con el permiso de Olofi, es quien decide a quién se puede llevar la muerte. Por este pacto de Orúnmila con la muerte, ésta última se comprometía a respetar a todas las personas que tuvieran puesto el Ildé-Fá, y a cambio de ello, Orúnmila le conseguiría su bastón.

Por tal razón los creyentes no se quitan nunca su pulsera de Orula, ni tampoco durante el acto sexual, ya que éstos piensan que si lo hacen, estarían expuestos a que la muerte se los lleve en cualquier momento.

También se recibe el Ildé-Fá para sentirse protegido de alguna influencia negativa que le pueda llegar por parte de sus enemigos o del ambiente.

Dicen los santeros que cuando el Ildé-Fá "recoge" algo negativo del ambiente, la pulsera se rompe inmediatamente para que no afecte a la persona que la lleva puesta. Si esto sucediese, es deber del creyente volver lo antes posible al babalawo que se la puso para que arregle la pulsera.

Rogación de cabeza

Existen ceremonias por las cuales puede pasar un individuo para encontrar tranquilidad y fortaleza en su andar diario sin tener que llegar directamente a pasar por la ceremonia de iniciación. Entre éstas se encuentra una ceremonia que se conoce como rogación de cabeza.

Esta ceremonia suelen hacerla los santeros tanto a personas iniciadas como a no iniciadas en la religión. Normalmente esta ceremonia se realiza a personas que sienten que su mente está agotada o que tienen algún desequilibrio mental. La ceremonia dura poco tiempo y está presidida por Obatalá, quien tiene como poder el calmar las mentes de las personas.

CEREMONIA DE ASIENTO

La iniciación o "ceremonia de asiento" es un rito de mucha importancia. Es mediante esta ceremonia que el creyente recibe los secretos de los orishas y la protección de los mismos. Para llegar a esta ceremonia de iniciación es necesario que se haya pasado por las ceremonias antes mencionadas, que lo preparan para llegar entonces a recibir los secretos y poderes de las deidades del panteón yoruba.

Para que se pueda efectuar la ceremonia de iniciación, los santeros deben consultar los oráculos, ya que éstos tienen que dar el permiso para tan importante ceremonia. El padrino o la madrina le dan las indicaciones que debe seguir hasta llegar el día de la iniciación. Los santeros y el creyente deben entrar en una etapa de purificación en donde lo más importante es la abstinencia sexual. En el caso de las mujeres, éstas tienen muy presente el periodo menstrual, ya que ni las santeras que vayan a estar en la ceremonia, ni la principiante, deben estar pasando por este proceso.

Entre otras cosas, el padrino o la madrina le pide al aleyo que traiga ropa completamente blanca y sin estrenar para todos los días. En esta ocasión la ropa blanca simboliza la influencia de Obatalá en la vida diaria del iniciado. También le pide que consiga platos con los diferentes colores de los orishas, pues será en esos platos donde los santeros preparen las ofrendas para los orishas que recibirá el principiante.

Durante su semana de iniciación, éste o ésta debe dormir en el suelo sobre una estera en casa de su padrino o madrina, en un cuarto llamado cuarto de santo, en el que se encuentran todos los objetos sagrados de las deidades que su padrino o madrina recibió cuando se inició.

Un día antes de la iniciación acompaña al río a su padrino o madrina por la oyugbona. Es allí donde comienza su renacer en la religión, es donde deja de ser un aleyo y pasa a ser un yawó. Mientras está el yawó en el río, su oyugbona lo despoja de su ropa vieja, este acto simboliza que el yawó está dejando atrás la vida profana que ha llevado. Es aquí, en el fondo del río, donde el yawó va a buscar un otá (piedra), la cual debe guardar con los demás secretos de los orishas.

Una vez que el yawó es sacado del río, su oyugbona lo viste con ropa nueva. Esta ropa simboliza la vida nueva. La inmersión de las aguas simboliza en los yorubas, como en otras culturas, tanto la muerte como el renacer. En la ceremonia del río, el yawó muere para luego renacer en un hombre nuevo, es un "recién nacido".

Durante su aprendizaje en la espesura de la naturaleza aprende los secretos sagrados, los mitos que conciernen a los dioses y al origen del mundo, así como también el origen de los instrumentos rituales.

A lo largo de la ceremonia, el yawó imita en todo momento el proceso de muerte y resurrección que sus deidades hicieron en algún momento durante su vida en la Tierra, así como también lo hace el ciclo lunar.

Una vez terminada la ceremonia, el yawó va a casa de su padrino o madrina para hacer una ceremonia conocida como el ebbo de entrada. En esta ceremonia, el yawó es llevado al cuarto de santo donde se hacen todas las ceremonias durante la iniciación; su padrino o madrina lo sienta sobre un taburete hecho en madera conocido con el nombre de oldón.

Este oldón, que se pone sobre una estera, debe tener la misma medida que la distancia entre los pies y la cadera del yawó para que se pueda sentar cómodamente. Una vez que se sienta al iniciado sobre el oldón, le hacen una ceremonia conocida como rogación de cabeza, pero en esta ocasión se sacrifican dos palomas a los pies del iniciado.

En caso de que el orisha tutelar del yawó sea Obatalá, entonces éstos no hacen rogación, sino que sacrifican una paloma a los pies del yawó. De aquí en adelante, el yawó es tratado como un niño que acaba de nacer. La oyugbana es la encargada de bañar y vestir al yawó y de darle la comida con una cuchara, ambos deben estar sentados sobre una estera en el suelo.

En el primer día de iniciación, lo primero que hacen los santeros antes de comenzar con la ceremonia es preparar el omiero que es el "elixir sagrado". El mismo se puede comparar con el agua bendita de la doctrina católica, ya que su propósito principal es el de purificar. El omiero es preparado con hierbas y otros ingredientes y es utilizado para limpiar las piedras y caracoles que son el secreto o fundamento de las deidades yorubas. Se lo dan a beber al yawó durante los días de iniciación; asimismo la oyugbana utiliza este líquido para bañarlo cada día.

A cada deidad le pertenecen una cantidad de hierbas y para que el omiero sea de provecho, éste debe estar preparado con por lo menos veintiuna hierbas en total.

Los santeros se dan a la tarea de ir al monte a buscar todas estas hierbas y, mientras se van adentrando al mismo, van dejando un derecho monetario a Ozaín, que es la deidad que habita entre las plantas. Este derecho monetario varía dependiendo de la deidad a la que le pertenezcan las hierbas.

Cuando están listos todos los recipientes con las hierbas, los santeros proceden a limpiar, con las respectivas hierbas que le corresponden, los fundamentos de cada orisha que le serán entregados al yawó. Una vez terminada esta ceremonia, todos los recipientes que contienen las hierbas con el agua se unen en un solo recipiente y luego le añaden, entre otras cosas, agua de río, ron, miel, melao, manteca de corojo, manteca de cacao, cascarilla, pimienta y peonía. Una vez que los santeros terminan el omiero, con los ingredientes que hemos expuesto y una selección de la lista de plantas que acabamos de mencionar, se procede entonces a la ceremonia de iniciación.

Así pues, el yawó se coloca de pie frente a la puerta del cuarto de santo tapado completamente con una sábana blanca, y comienza a tocar la puerta nombrando cada uno de los orishas que viene a recibir en la iniciación. El tiempo que transcurre desde el momento en que le ponen la sábana blanca al yawó y el momento en que es llevado hasta el cuarto de santo, equivale al tiempo que le tomó a Obatalá crear al ser humano y consagrarlo.

Después de que el yawó está dentro del cuarto de santo, la oyugbona le rompe la ropa y lo baña desnudo o desnuda con el agua de omiero. En caso de que sea un hombre, al yawó lo baña un santero y, en el caso de las mujeres, sucede a la inversa. Después de este baño de purificación, el yawó es llevado a lo que será su asiento durante la iniciación. Estando allí, lo preparan para la "ceremonia del pelado".

En esta ceremonia al yawó le hacen una trencita en el cabello y, acto seguido proceden a cortársela con una tijera nueva que el yawó debe llevar a la ceremonia, así como también una navaja, ya que tras cortar la trenza el oriaté procede a afeitarle la cabeza —es por ello que la ceremonia lleva el nombre antes mencionado.

Una vez que está preparada la cabeza del yawó, el oriaté vuelve a hacerle una rogación de cabeza. Ya terminada la rogación se prepara una ceremonia conocida como osun-lerí, en la cual el oriaté pinta la cabeza del yawó haciendo círculos con los colores básicos de los orishas en este orden: blanco, rojo, azul y amarillo (Obatalá, Changó, Yemayá y Oshún) y los santeros presentes estampan su "firma" en la cabeza del yawó por medio del color y el número correspondiente a su orisha tutelar.

Terminado este acto, comienza la "ceremonia del ashé" o "ashé de santo", donde los santeros allí presentes se dirigen al yawó a ponerle su ashé en la cabeza. Esto lo hacen mediante una pasta que preparan con las hierbas que sobraron de la preparación del omiero y otros ingredientes secretos.

Se tiene como creencia que el individuo posee dos o más almas, y que las mismas están localizadas en la cabeza y el estómago. La de la cabeza se conoce como Orí y a la que reside en el cuerpo la llaman Emi. Es por tal razón que en la iniciación, los santeros le hacen al yawó un pequeño corte en la cabeza donde luego ponen un poco de la sustancia secreta conocida como ashé.

Éste es el propósito de los santeros en las ceremonias del primer día de iniciación: "notificar" a Orí lo que se está haciendo y así preparar al principiante para ser un futuro babalocha o iyalocha. A Emi lo "despiertan" mediante el omiero que le dan a ingerir al yawó diariamente. El momento más importante durante el primer día de iniciación es la "parada", esto es cuando el yawó cae en posesión de su deidad tutelar.

Dicen que la posesión es tan fuerte que el orisha tira literalmente el yawó al suelo. Es en este momento cuando su padrino o madrina presenta a la cabeza del yawó las diferentes soperas donde residen los secretos de los orishas, las cuales le serán entregadas cuando finalice la iniciación. Estas soperas son su protección.

En medio de esta posesión, la oyugbona sostiene la sopera del orisha tutelar del yawó para que éste reciba el ashé de su deidad. Este ashé lo obtienen haciéndole al yawó una cruz en la lengua con una aguja pequeña e introduciéndole inmediatamente en la boca miel de abeja, tres granos de pimienta y una pizca de pescado ahumado y de jutía. Acto seguido, la oyugbona sacrifica una gallina para la deidad que acaba de "bajar" a la Tierra y se la presenta al yawó poseso para que absorba la sangre del animal.

Una vez finalizados los sacrificios y después de haberles puesto el ashé de estos animales a las soperas de los orishas, el yawó se retira a descansar, mientras su oyugbona se encarga de todos los preparativos para el siguiente día, conocido como el "día del medio".

El segundo día de iniciación está dedicado a celebrar una fiesta llamada "día del medio", aquí los familiares y amigos del yawó, creyentes o no, van a visitarlo. En este día los santeros preparan la comida para los invitados con los animales que se sacrificaron durante las ceremonias del día anterior. La oyugbona, antes del almuerzo, viste al yawó con un traje del color del orisha tutelar de la persona.

Una vez finalizado el almuerzo, la oyugbona cambia de ropa al yawó y le pone un traje de gala del color de su orisha, el cual simboliza la encarnación del orisha en el yawó, mientras que en el cuarto de santo los santeros preparan una especie de trono donde están los atributos, telas y elementos que simbolizan a la deidad principal que recibió el yawó. Al yawó lo sientan en el trono con su traje de gala y una corona del color que representa a su orisha. Si la deidad es Oshún, la corona es de color oro. Este trono es un recinto sagrado donde se hace posible la comunicación con los dioses que en este caso son los orishas.

En esta ceremonia el padrino o la madrina del yawó contrata unos tamboreros que sepan tocarle y cantarle a los orishas, muchas veces estos tamboreros son santeros —o al menos son conocedores de la religión.

El tercer día está dedicado a una ceremonia conocida con el nombre de Itá o "lectura del porvenir". En este día la oyugbona baña al yawó temprano y le da el desayuno de todos los días, un pedacito de coco con jutía, pescado ahumado, miel, pimienta y un poco de omiero.

Durante la mañana debe llegar a la casa del padrino o la madrina del yawó un santero experto en el oráculo del Dillogun conocido como italero, el cual realizará una consulta profunda al yawó por medio del oráculo. La ceremonia de Itá la comienzan antes de las doce del día. El italero dará cuenta a Olorun de lo que se va a hacer mediante una ceremonia llamada ñangareo. Ese día la madrina prepara una mezcla que contiene leche, harina de maíz y miel, y todos los presentes tienen que tomar de la misma mientras hacen los rezos a Olorun. Este día se manifestarán por primera vez los orishas que ha recibido el yawó, ya que los santeros creen que los orishas van a "comunicarse" por medio del oráculo.

Durante la consulta, el italero le advierte al yawó de todas las cosas buenas o malas que le podrían suceder desde ese día en adelante. El italero le advierte al iniciado sobre las prohibiciones que tiene que observar durante el resto de su vida para así alcanzar un mejoramiento óptimo en su diario vivir (Itá de Orula). Estas prohibiciones pueden estar relacionadas con lugares que el iniciado no podrá frecuentar: cementerios, hospitales, acercarse o bañarse en el mar y también prohibiciones de alimentación.

Según la filosofía yoruba, los santeros no deben comer la misma comida que le sacrifican a su deidad tutelar. Los santeros que tengan como deidad tutelar a Oshún no pueden comer calabaza porque muchos sacrificios que le hacen los creyentes a esta deidad los hacen con calabazas. Los creyentes piensan que si la persona se come este alimento le puede caer mal, ya que esto es considerado en santería como una falta de respeto a la deidad. Los santeros también consideran una falta de respeto sacrificar a una deidad un alimento en específico para una petición y luego ingerir ese alimento como parte de sus comidas diarias.

Durante la ceremonia de Itá, un santero o una santera, va anotando en un cuaderno o "libreta de santo" todo lo que dice el italero; luego el padrino o la madrina, le entregan este cuaderno al yawó para que tome las debidas precauciones que le fueron indicadas.

El iniciado mantendrá el nombre que le dieron sus padres al nacer y el nombre en lenguaje yoruba que le ha puesto su padrino o madrina al nacer en esta religión. A pesar de que este nombre lo escoge el padrino o la madrina del yawó, el oriaté debe preguntar por medio del oráculo si es del agrado de los orishas. Desde este día de la ceremonia de Itá hasta el séptimo el yawó se mantiene durmiendo en el suelo sobre una estera en casa de su padrino o madrina, la oyugbona baña al yawó cada día con omiero y lo alimenta como a un niño. Esto lo hacen hasta el sexto día en que la oyugbona debe hacer al yawó una rogación de cabeza.

El séptimo día el yawó es llevado a la plaza del mercado por su padrino o madrina, éste sale todo vestido de blanco, con sus pulseras, collares y la cabeza cubierta con un sombrero o un pañuelo de color blanco. Allí su padrino o madrina van comprando y enseñándole al iniciado las frutas y vegetales que le pertenecen a cada deidad que recibió, así como las que pertenecen a su deidad tutelar.

Una vez que ambos terminan, se van a la casa a ponerle las primeras ofrendas a los orishas que recibió el yawó, junto con dos velas. Luego la oyugbona lleva al yawó hasta su casa junto con las soperas de los orishas. Una vez terminada la iniciación, el yawó pasa a ser un santero o santera pero, para éste poder preparar ceremonias y tener ahijados, debe esperar tres meses y pasar por una ceremonia conocida como "ebbo de tres meses".

Una vez que se ha terminado con la iniciación, el yawó debe ir a su casa y cumplir por todo un año con las normas y prohibiciones que le fueron indicadas en el Itá y otras normas que su padrino o madrina le deben explicar. Por esta razón, los santeros no pueden dejar solos a sus ahijados durante su año de yaworage, ya que son responsables de cualquier cosa que le pueda suceder al yawó. El padrino o la madrina están en la obligación de guiar a su ahijado en el plano espiritual, mental, social y en la salud, así como ayudarlo para que éste aprenda a querer y a respetar a sus deidades y a su religión.

EL TOQUE DE TAMBOR

TAMBORES BATÁ

La música ritual y ritual-festiva participante en la santería cubana guarda diferentes grados de similitud y afinidad con la de los pueblos de origen. Es así como la conservación de modelos constructivos e interpretativos de los instrumentos de música, los toques, los cantos y la lengua en ellos empleada, así como la danza, han permitido identificar su procedencia yoruba, aunque sin duda alguna se reconocen hoy día como parte indiscutible y caracterizadora de la cultura cubana. La mayor heterogeneidad tipológica en lo concerniente a conjuntos instrumentales se halla entre aquellas agrupaciones que acompañan los cantos y bailes de la santería, así como la persistencia de un también notable número de cantos que aluden a las divinidades y a su compleja mitología.

Entre estos conjuntos de instrumentos han de citarse los tambores batá, los güiros, abwe o chequeré y los tambores de bembé como los más extendidos en el territorio. De ellos, los tambores batá son los instrumentos de mayor sacralidad.

Los tambores batá son tres membranófonos de golpe directo con caja de madera en forma de reloj de arena. Tienen dos membranas hábiles de distintos diámetros, que se percuten en juego y están apretadas por un aro y tensadas por correas o tirantes de cuero o cáñamo que van de uno a otro parche en forma de "N". Este sistema de tensión está unido y atado al cuerpo del tambor por otro sistema de bandas transversales que rodean la región central de la caja de resonancia. Sus características y origen nigeriano les une a las ciudades-estados de Oyo e Ifé, que eran los principales centros políticos y religiosos, respectivamente, de los yoruba.

Tales territorios poseyeron un notable esplendor hasta las postrimerías del siglo XVIII e inicios del XIX, y participaron de manera directa en la trata negrera.

Los tambores batá son de tres diferentes tamaños: okónkolo es el más pequeño y el que da las notas más altas; el Itótele u Omele Enku, que es el mediano y que sigue el ritmo marcado por el mayor o Iyá, la madre. Los mismos tienen un orden de colocación: el Iyá lo colocan en el medio, el Omele Enku va a su derecha y el okónkolo a su izquierda.

Es difícil tratar de dilucidar con exactitud dónde pueden hallarse las más antiguas referencias que denoten la presencia de los tambores batá en Cuba, aunque todos los datos coinciden en señalar a las provincias de La Habana y Matanzas como los puntos focales de dispersión, a extremo tal, que los propios practicantes del centro o del oriente del país se reconocen receptores de las tradiciones habaneras o matanceras, según el caso.

No existen datos absolutamente fiables capaces de permitir discernir la fecha en que se oyó por vez primera el sonido de estos tambores rituales. Es importante retomar los criterios expresados antes en cuanto a que fue en el siglo XIX cuando se hizo más notable la presencia yoruba en Cuba, y que fueron las provincias de La Habana y Matanzas las que recibieron las cantidades más significativas de hombres yoruba en este siglo.

Entre los yorubas los toques de tambor de tipo religioso solamente pueden ser celebrados con los tambores batá. Estos toques de tambores se llevan a cabo en los santuarios, los cuales, en lengua yoruba, se conocen con el nombre de Igbodú, palabra que procede de la palabra egbo, que significa sacrificio.

Tambores batá.

Estos tambores son considerados sagrados para los creyentes, ya que en ellos reside una deidad que éstos llaman Aña. Durante las fiestas estos tambores son acompañados por el sonido de unas maracas o por un instrumento conocido con el nombre de chekeré o güiro. El sonido del chekeré tiene la facultad de precipitar que el creyente caiga en posesión por su deidad tutelar.

Los tambores batá son confeccionados con madera de cedro, de caoba y de palma. La piel del tambor se prepara con la piel de chivos machos y de venados. La razón por la cual se preparan con la piel de estos animales es porque los batás pertenecen a la deidad Changó y éstos son los animales que se sacrifican en su nombre.

Durante los toques de tambor los santeros se mantienen bailando para sus deidades hasta que la música los va llevando a un trance. Casi siempre, al menos una persona, cae en posesión por su deidad tutelar para llevar mensajes a los presentes. Los babalawos, en cambio, nunca son poseídos por deidad alguna, pues según los creyentes, Orula es una deidad muy grande como para posesionarse de algún ser humano; aún así los babalawos participan de los bailes haciendo sus pasos rituales frente a los tambores.

Los babalawos poseen, en distinta medida y orden, el secreto, las formulas crípticas y la entonación precisa para lograr la invocación y el halago de las divinidades. Muchas veces son estos mismos los que provocan la posesión de algunos santeros o santeras con sus entonaciones en el lenguaje yoruba.

Los primeros toques de tambor están dirigidos a la deidad Elegguá, esto lo hacen por la creencia que tienen acerca de que Elegguá es quien puede controlar el destino de las personas. De esta manera, si se le rinde tributo a él primero, la ceremonia tendrá éxito.

En ese momento, si hay en la ceremonia personas iniciadas en los secretos de Elegguá, éstas comienzan a bailar frente al tambor para rendirle pleitesía a su deidad. Al finalizar los toques de Elegguá, comienzan tocándole a la deidad a la cual le están dedicando la ceremonia, y los santeros que tengan como orisha tutelar a esa deidad pasan al frente a bailar con los pasos que corresponden a ese orisha, y así sucesivamente. Según se van dando los toques, se van acercando los presentes al tambor en símbolo de respeto a su deidad.

Durante las ceremonias de toque de tambor, acuden santeros que son famosos por sus posesiones, ya que su experiencia ayuda a que los mensajes de su deidad tutelar lleguen claros a los presentes, pero existen santeros que nunca han llegado a ser poseídos por su deidad. Esto puede suceder por varias razones, bien porque el orisha entiende que es peligroso para la salud del iniciado o porque algunos santeros, cuando están a punto de ser poseídos por su deidad, recurren a métodos para no caer en este estado.

Hay santeros que le tienen miedo a la posesión, ya que durante la misma no están conscientes de sus acciones, aunque siempre los mayores en la religión y los babalawos cuidan de que no les suceda nada peligroso.

Otra razón por la cual no les gusta caer en posesión es porque después de que se termina todo, la persona siente dolor en la espalda, en el cuello y también dicen que les duelen las piernas y que se les adormecen. Los iniciados en santería procuran asistir, cada vez que pueden, a las ceremonias o fiestas de toque de tambor, pues en ellas pueden manifestar sus conocimientos, adquirir sabiduría y "compartir" con sus deidades.

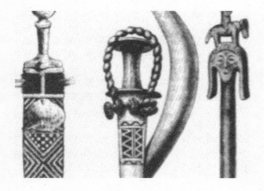

LOS ORISHAS

La cultura yoruba cree en un Ser Supremo, en un panteón repleto de divinidades que actúan sobre los fenómenos de la naturaleza y sobre el destino de los seres humanos. Los orishas son los emisarios de Olodumare, o Dios Omnipotente. Ellos gobiernan las fuerzas de la naturaleza y los asuntos de la humanidad. Se reconocen a sí mismos y son reconocidos a través de sus diferentes números y colores, los cuales son sus marcas, y cada uno tiene sus comidas favoritas y otras cosas que les gusta recibir en forma de ofrendas y regalos.

En conformidad, nosotros hacemos nuestras ofrendas en la forma a la cual ellos están acostumbrados, como siempre las han recibido, para que así ellos reconozcan nuestras ofrendas y vengan en nuestra ayuda. Se comprende mejor a los orishas observando las fuerzas de la naturaleza que ellos gobiernan. Por ejemplo, se puede aprender mucho sobre Oshún y sus hijos estudiando los ríos y arroyuelos que ella gobierna, y observando que a pesar de que ella siempre fluye en dirección hacia su hermana Yemayá (el mar), lo hace dentro de su propia ruta indirecta.

También se puede observar cómo el salvaje arroyo y la inundación repentina reflejan sus cambiantes estados de ánimo. A medida que se observa a los orishas trabajando en el mundo y en nuestras propias vidas, se alcanza un mejor entendimiento sobre ellos y su forma de ser. Sí, son complejos, pero no más complejos que otro ser viviente como tú o yo. De vez en cuando, también somos bendecidos en la religión con la oportunidad de encontrarnos con los orishas cara a cara durante un bembe, donde uno o más de sus sacerdotes son montados por ellos.

Las deidades africanas son muchas y el yoruba piensa que cada deidad tiene un poder que le fue dado por Olofi para ayudar a los hombres en la Tierra. Muchos estudiosos del panteón yoruba lo comparan con los dioses griegos, ya que éstos poseían características similares a los orishas en cuanto a los poderes que ostentaban y los dominios que ejercían sobre la naturaleza.

En la mitología griega había deidades que tenían poder sobre el destino y la muerte, sobre la guerra —como era Ares—, e incluso entre éstos se encuentra Afrodita, que se puede comparar con Oshún, por ser ambas las diosas del amor. Entre sus similitudes los griegos pensaban que sus deidades tenían formas humanas y creían que éstos se comportaban como los humanos.

Los yorubas creen que sus deidades habían vivido en la Tierra con los seres humanos y que éstos poseían un gran ashé o poder sobre la naturaleza. Los griegos ofrecían sacrificios y regalos a sus deidades para complacerlas y conseguir favores de éstas.

Esto mismo ocurre en las creencias de los yorubas, que dan ofrendas a sus deidades para que los ayuden en situaciones de la vida diaria. Los atributos de las deidades africanas se evidencian de una manera física en los objetos contenidos dentro de las soperas.

Cada deidad tiene su color representativo, su número, su día en particular, una ofrenda en específico, sus collares distintivos y plantas donde reside su poder o ashé. Cada orisha es diferente y los creyentes respetan y cuidan de no equivocarse a la hora de preparar un rito o ceremonia para un orisha en específico, ya que si lo hacen pueden ganar la furia y el enojo del mismo.

Para los adeptos en santería es muy importante conocer los elementos de cada orisha, pues éstos necesitan recordarlos a la hora de hacer un sacrificio o ceremonia. Es todo un lenguaje enigmático, el cual sus iniciados aprenden paulatinamente según los años de experiencia que lleven en la religión.

El panteón yoruba es muy complejo y cada orisha simboliza una parte de la naturaleza. Nacen para ayudar al hombre a enfrentarse con esa parte de la naturaleza que la deidad domina, es por tal razón que el hombre le ofrece sacrificios para conseguir de éstos su ayuda y protección.

Los orishas son espíritus sobrenaturales vinculados con las fuerzas o fenómenos naturales. Son seres que encarnan un fenómeno natural: el viento, la tormenta, el relámpago, el mar, el río, las enfermedades.

Muchas deidades femeninas están asociadas con los riachuelos y los ríos. Oshún se identifica con el río Osogbo, en el pueblo de Osogbo; Yemayá, con el río Oggún, el cual cruza la ciudad de Abeokuta; Oyá con el río Níger, y Obbá, con el río Oba, ambos afluentes al río Oshún, cerca del imperio de Oyo.

OLOFI - OLODUMARE - OLORUN

Según la cosmogonía yoruba, el Ser Supremo se proyectó en tres entidades: Olofi fue el Creador, él está en contacto con los orishas, que son los mensajeros entre éste y los hombres; Olodumare habita en la naturaleza y el cosmos; y Olorun es visto como la fuerza vital, identificado con el Sol. Olofi nació de la nada, por sí mismo, y es recordado como un viejo canoso, cansado, quien después de haber finalizado la creación se retiró a una montaña lejana a descansar.

A Olofi no se le pide nada, es, como dijimos, un dios impersonal, pues para eso están sus mensajeros los orishas. Olodumare es la manifestación de todo lo que existe, del universo y todos sus componentes. A él tampoco le piden nada y no es posible contactarlo. Es indescifrable, la pronunciación de su nombre debe estar seguida de una reverencia, tocando la tierra con los dedos. Olorun es la energía vital, podemos sentir su presencia, pero no podemos tocarla, es visible solamente como el rayo del Sol.

Oddúa: Nuestra Señora de las Mercedes o Jesucristo

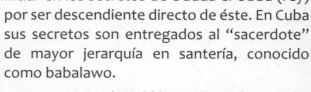

Oddúa fue el primer rey de Oyo. Fundador con Oggún de la dinastía de Benín y Oyo. Es considerado también primer rey de los yorubas y primer rey de Ifé. Oddúa viene a ser uno de los principales orishas dentro de la religión yoruba. En Nigeria solamente se puede iniciar en los secretos de Oddúa el Obba (rey) por ser descendiente directo de éste. En Cuba sus secretos son entregados al "sacerdote" de mayor jerarquía en santería, conocido como babalawo.

Los secretos de Oddúa son los más complejos y es el que más elementos tiene por su importancia en la religión. Entre los elementos que lo caracterizan se encuentran una escalera de veinte centímetros de alto, una serpiente de diez centímetros de largo, un bastón, un

Oddúa.

hombre y una mujer de diez centímetros de alto —aproximadamente—, ocho piedras blancas y una bola de marfil.

El color de Oddúa es el blanco, porque es sinónimo de pureza; su número es el ocho y se le sacrifican los siguientes animales: chiva blanca, gallina, codorniz, guinea y palomas.

OBATALÁ: NUESTRA SEÑORA DE LAS MERCEDES

Era costumbre entre los yorubas celebrar en ciertos días del año festividades llamadas Ose, dedicadas a los distintos orishas, en las cuales se les brindaba obediencia a un determinado orisha dependiendo de la región nigeriana de donde procediera el culto.

En Oyo, por ejemplo, se daba la fiesta en honor Changó y a Elegguá, pues para los yorubas Elegguá es quien influye en su destino, por lo tanto, toda celebración o culto tiene que ir dirigida primero a él.

En Cuba se continuó también esta costumbre y, para celebrar el día de un orisha, los esclavos africanos se dejaron llevar por el almanaque católico. Por ejemplo, Obatalá está sincretizada en el Nuevo Mundo con Nuestra Señora de las Mercedes, y según el santoral católico, esa Virgen es adorada el 24 de septiembre de cada año. Ese día en Cuba, la Iglesia Católica saca la imagen de la Virgen para que los devotos de la misma se acerquen a rezarle, así también ese día los creyentes en santería asisten a la iglesia para pedirle a Obatalá —pues para ellos Obatalá y Nuestra Señora de las Mercedes es una misma devoción religiosa.

Vive en una sopera de porcelana blanca. Cuando es de cabecera lleva ocho piedras, y si no lo es, cuatro. También lleva una piedra que se llama Oke. Por lo regular esta piedra vive fuera, hay quien la coloca en el piso o junto cubierta con un algodón.

Las piedras de Obatalá son generalmente de un color blanquísimo.

Existen distintos caminos de Obatalá; el Obamoró, que viste de morado; Yekú Yekú que debe tenerlo —quien lo tiene— coronado en una casita de madera en donde no le de la luz, siempre en lo alto.

Se le ponen frutas, arroz con leche, dulces, merengues, torres de ñame. La comida de Obatalá se cocina con sal, gusta mucho de la manteca de cacao y la cascarilla. Todo lo de él es blanco, ya que significa la pureza. Obatalá castiga cegando o paraliza, y gusta de amputarles algún miembro a los hijos.

Su número es el ocho.

Saludo:

> *BABÁ ERÚ AYÉ OBATALÁ ERÚ AYÉ*
> *OBATALÁ ERÚ AYÉ M'OGUÁ YÉ*
> *M'OGUÁ OGÚN ACHÉ BABÁ ACHÉ*
> *YEYÉ JEKUA BABÁ.*

ORULA: SAN FRANCISCO DE ASÍS

Originario de Ifé, Ifá-Orúnmila. Su nombre significa "es el cielo quien puede salvar", y ha sido testigo del destino de los hombres, por lo tanto, conoce su pasado, presente y futuro. Ifá-Orúnmila u Orula, otro nombre por el cual se le conoce, fue enviado por Olorun para poner orden en la Tierra. Ifá se manifiesta mediante la adivinación con nueces de palma que practica el babalawo, el "padre que conoce los secretos".

Orula fue un adivino sabio que se dedicó a vaticinar el futuro de las personas, para que de esta forma ellos, conociendo su futuro, pudieran defenderse de todo lo malo que le pudiera deparar su destino.

Los colores que simbolizan a la deidad Orula son el verde y el amarillo, y de estos dos colores se componen todos los atributos de este orisha. A esta deidad se le sacrifican chiva, gallina y paloma.

APPATAKI DE ORULA

Olofi le había dado a Orula el don del baile, pero a éste no le llamaba la atención, a él le gustaba la adivinación. A Changó le habían dado el poder de la adivinación, y era Changó quien poseía el tablero de Ifá, tabla que utiliza el adivino mayor (babalawo) para consultar a las personas.

Changó era un buen adivino, pero a éste le gustaba la fiesta, le gustaba seducir a las mujeres y mediante el baile sabía que lo podría conseguir, así que intercambió con Orula el tablero por el don de bailar y desde ese día Orula se convirtió en el adivino mayor del panteón yoruba y Changó se convirtió en un gran bailarín y el alma de las fiestas. Los individuos que son iniciados en el culto de Orula son llamados con el nombre de babalawos.

Cuenta un mito o appataki que cuando Orula nació de la unión de Obatalá y Bembo sucedió algo horrible, porque Oggún había tratado de violar a su madre y sus hermanos Elegguá y Ozun no podían hacer nada para evitarlo, entonces Obatalá llegó a tiempo para evitar que esto sucediera y le dijo a Yembo que si le nacía otro hijo varón lo iba a matar. Al tiempo nace Changó, quien fue llevado por su madre a casa de su hija mayor Dadá. Luego nació Orula, y cuando éste nació su hermano Elegguá, por miedo a que su padre lo matara, lo enterró al pie del árbol de iroko, ocupándose de su alimentación diaria.

La relación de esta deidad con el árbol de iroko se encuentra en que, Orula es el dueño de los cuatro puntos cardinales y este árbol se percibe, entre los yorubas, como un árbol sagrado, el cual se mantiene en conexión con el Cielo y la Tierra y sus ramas y raíces se dispersan hacia los cuatro puntos cardinales. Por esto Orula es un mensajero del Cielo y la Tierra, ya que comunica los deseos de los orishas por medio de los babalawos, cuando éstos consultan el tablero de Ifá.

Los secretos de Orula se encuentran en un recipiente, y en éste se encuentran los dieciséis ikines que el babalawo utiliza para la consulta del Ifá; también utiliza un irofá (cuerno de venado) con el que marca los odduns de la consulta y un iruke con cuentas amarillas y verdes que utiliza para alejar las malas influencias o vibraciones negativas.

Orula está sincretizado con San Francisco de Asís, y su día de celebración es el 4 de octubre. Su número es el cuatro, y este número está relacionado con las cuatro direcciones del viento y los cuatro puntos cardinales. También se relaciona con una cruz la cual se orienta con sus cuatro puntas a los puntos cardinales, y lo mismo podríamos decir del árbol sagrado, el cual se divide por arriba en cuatro direcciones y en sus raíces también.

ELEGGUÁ: EL NIÑO DE ATOCHA

Es el primero en todo. Por su gran importancia es el primero en ser llamado en todo acto religioso o en las fiestas; así como el último en despedirse. Es el inicio y el fin de todos los caminos, el nacimiento y la muerte. Vigía del día y la noche, del bien y el mal. Es espía y mensajero de los dioses; si él lo quiere, nada de lo que se ofrece llega a los Dioses.

Dios de los desvíos y las entradas, de los encuentros y despedidas, salvador de las esquinas, los parajes solitarios y de las casas vacías. Enreda y desenreda los caminos de la vida. Es quien tiene las llaves del destino y abre o cierra la puerta a la desgracia o a la felicidad. Es la personificación del azar y la muer-

Eleggúa.

te. Portero del monte y la sabana. Además cuida los caminos y cuenta a Olodumare, quien se porta mal y no hace los debidos sacrificios; además, es quien protesta cuando los sacrificios no se hacen como es debido.

Eleggúa es una de las deidades más conocidas dentro del panteón yoruba. Está relacionada con el destino de las personas. Los creyentes en santería se cuidan mucho de tener una relación armoniosa con este orisha, pues si existe un bien o una suerte para un individuo por parte de cualquiera de los diferentes orishas que habitan junto a Olofi, será imposible que esta suerte llegue si el creyente no ha cumplido con Eleggúa.

Eleggúa, al igual que los demás orishas, es uno solo, pero tiene diferentes caminos o personalidades que desarrolló durante su paso por la Tierra. Es por esta razón que los caminos de Eleggúa van desde una deidad misericordiosa y justa, siendo Eshu el que se caracteriza por ser malvado y pendenciero.

Elegguá en su manifestación como Eshu puede colaborar con el bien o con el mal, pero sólo actúa malévolamente cuando quiere darle una enseñanza a alguien. Elegguá guarda una estrecha relación con Orula, ya que cuando éste se encontraba enterrado al pie de un árbol su buen amigo y hermano Elegguá comenzó a alimentarlo a escondidas para que éste no muriera.

Por haberle salvado la vida a Orula, a partir de ese momento se hicieron compañeros inseparables, llegando a serlo hasta en el manejo del oráculo del Ifá, en donde Orula consulta su rica sabiduría y Elegguá canaliza las soluciones de los problemas comunicándose con los demás orishas y portando los mensajes entre el Cielo y la Tierra, además haciendo que los ebbos o sacrificios tengan resultados satisfactorios.

Él es el que habla a través del oráculo del Dillogun o los caracoles, que son utilizados por los creyentes en la adivinación. Allí los orishas comunican a Elegguá los problemas que tiene la persona que se consulta y le dan las soluciones para resolver los mismos.

Para los creyentes en santería es muy importante que cualquier persona relacionada con la religión yoruba reciba, por medio de una ceremonia, a Elegguá, para que pueda atenderlo y así poder recibir los beneficios que le da este orisha, como son, básicamente: abrir los caminos de la prosperidad, la salud y los aspectos positivos de la vida. Elegguá, junto con Oggún y Ochosi, forman la base donde se sostiene todo ser humano en el tránsito por la vida.

Para recibir dicho fundamento, el creyente debe consultar los oráculos, y de esta forma conocer cuál es el momento apropiado para recibirlos. A Elegguá se le tiene que rendir culto y atender primero que a los demás orishas en toda ceremonia religiosa, para así lograr que la ceremonia sea beneficiosa, pues se piensa que si no lo hacen así, Elegguá se puede enfadar y traer complicaciones. Elegguá es simbolizado mediante una piedra o puede estar hecho con cemento o con coral. Normalmente esta piedra está ubicada detrás de la puerta de entrada de la casa de los creyentes para protegerlos.

A él, como a un niño, se le ponen juguetes, pelotas, silbatos caramelos, frutas como las guayabas, bolas de harina de maíz con corojo, jutía, pescado ahumado y maíz tostado, se le sopla aguardiente, humo de tabaco y miel.

Se le ofrecen sacrificios de animales, derramando sobre su piedra la sangre de los siguientes: chivo, gallo, puerco, pollo, ratón —fue el animal que se comió en el mito—, conejo y jutía. Elegguá está sincretizado con el niño de Atocha, y los creyentes veneran esta deidad precisamente el día primero de año. Su número es el tres. Castiga con prisión, hemorragias y accidentes sangrientos.

Saludo:

ELEGUÁ AQUÍ BORU AQUÍ BOIA BOI BOCHICHE OLUA
MI OMATIELLI OLUA ATACASORDE ALACOMACO MANI
BATA ADORIDALE JOLO YAGUNA ELEKU UNSUKU UBELEKU
SAKUN A LA RÓYO USU EYE

YEMAYÁ: VIRGEN DE REGLA

El culto a Yemayá es originario de la ciudad de Egba, en Nigeria, y ésta se presenta como una hermosa matrona de senos prominentes. Yemayá es la madre del mundo y posee todos los atributos místicos de la Luna. Uno de sus caminos o manifestaciones es Olokun, quien habita en la profundidad del mar, y es muy temida por los santeros, quienes tratan de no estar en deuda o de faltarle el respeto a esta deidad, ya que según los creyentes en santería esto sólo les traería complicaciones.

Es la madre universal, la madre de todos los santos. Es una orisha que no permite que se les haga daño a sus hijos. Ella era

Yemayá.

la dueña de todas las aguas hasta que le cedió el río a su hermana, Oshún.

El color de esta deidad es el azul porque simboliza el mar. Se le sacrifican: carnero, gallo, pato y guinea. Yemayá está sincretizada con la Virgen de Regla. Vive en una sopera siempre con sus colores blanco y azul. Lleva siete piedras, una Luna, un Sol, un salvavidas, un ancla, dos remos y siete manillas.

Entre sus atributos se pueden encontrar coronas, remos, estrellas de mar y todo lo que se relaciona con el mar. La representan: delfines, peces, redes, barcos y caballitos de mar. Sobre su sopera se encuentran siete manillas en plata entrelazadas, precisamente por ser éste el número que la define, y una maraca, que los santeros tocan para que la deidad "baje" a la Tierra.

Castiga en el vientre y mata en agua dulce o salada.

Saludo:

> YEMEYÁ ATARA MA GUÁ A SAYABÍ OLOKUN
> BABALORDE AFOYUNDE ACRE OKOKUN
> A SAYABÍ OLOKIN YEMEYÁ MA AYÉ LE-GUÓ
> ONIBALLE OBA IYALORDE ATARA MA GUÁ
> OKÉ RI OKÚN AKUA A OYE
> SAVIA PAVIA OLOKÚN AYA OKOTO
> AKÚ A OYE ACHÁ OKO ORÍ AYÉ OFFE IKÚ.

CHANGÓ: SANTA BÁRBARA

El culto a Changó es originario de la ciudad yoruba de Oyo-Ilé, la antigua capital del reino de Oyo, lugar donde era muy respetado, ya que se cree que fue rey del lugar. Changó es una de las deidades más queridas; simboliza el poder, la guerra y la virilidad. Changó cambió el don de la adivinación por ser un buen bailarín, pues a él lo que le gustaba era seducir a las mujeres y ser el centro de atención en las fiestas.

Changó.

Varios mitos cuentan que este orisha era el cónyuge de Obba, pero que éste tenía amoríos con Oshún, la deidad del amor, y con Oyá, una mujer fuerte y guerrera que siempre lo acompañaba en sus combates. Changó es el dueño de los rayos y el fuego, es visto como una deidad de mucho poder y fuerza, es por eso que los santeros cuando quieren conseguir cosas difíciles lo utilizan para sus trabajos. Changó tenía el poder del fuego, del trueno y del rayo. Es debido a esto, y a otras semejanzas, que este orisha está sincretizado con la imagen católica de Santa Bárbara y su celebración es el 4 de diciembre.

Habita en una batea de cedro o caoba; ésta se coloca arriba de un pilón. Sus piedras son de color oscuro lisas y brillosas, lleva piedra del rayo. Hay quien le pone ojo de buey, mate y sus herramientas de madera: espada, cuchillo y un hacha dipétala (doble filo). Lo acompañan dos pequeños tarros que representan a Oggué, que siempre está a su lado y es su mensajero.

Oggué es considerado un orisha menor, pero es muy poderoso. Vive junto a Changó por un pacto entre los dos. Cuando baila es lo más maravillosos del mundo, pues representa la belleza viril; es muy bondadoso y celoso con sus hijos; cuando estos son obedientes los protege y cuida bien.

A Changó se le sacrifican: carnero, gallo, jicotea, codorniz y guinea sobre su receptáculo; le gustan por igual los plátanos, la harina, el quimbombó y el vino tinto. Entre sus secretos se encuentran un hacha de doble filo, seis piedras y seis docenas de caracoles, y entre sus atributos hemos visto un caparazón de jicotea, tambores y maracas.

Con este último instrumento se le llama a esta deidad para que baje a la Tierra, ya que como mencionamos anteriormente, a Changó le gustan las fiestas. El número que se le asigna es el seis, que simboliza la perfección y se asocia con la creación realizada por Dios, la cual hizo en seis días.

Castiga con el suicidio y mata con el fuego.

Saludo:

> *OBA KOSÓ KISI EKO AKAMA SÍA OKUNI*
> *BUBURU BUBURUKU KI TON LO OGUO OBA*
> *CHOCOTÓ KA GUÓ SI ILLÉ*

Oshún: Virgen de la Caridad del Cobre

Oshún es una divinidad que vive en el río, y a su vez es el nombre del río que cruza las regiones de Ijesha e Ijebu en Nigeria. Oshún es símbolo de amor y riquezas.

En Cuba se le conoce como una mulata muy linda y fina, amiga de las fiestas y dueña del amor ardiente. Le gusta lucir finas joyas y bellos abanicos. Le agradan los caracoles y las pulseras.

Toda la región abdominal está consagrada a Oshún, y por esta razón las mujeres que

Oshún.

quieren tener hijos favorecen a la orisha para que las ayude a conseguir sus deseos. Oshún también es la dueña del oro, por eso cuando una persona necesita dinero le pone ofrendas a la orisha para conseguir su ayuda. Oshún es vanidosa y enamoradiza. Ésta mantuvo amoríos con Orula, el adivino celestial; Ochosi, el cazador; Babalú-Ayé, el patrón de los enfermos; Changó, el guerrero y dueño del fuego; y Oggún, el forjador del hierro. Todos fueron en un tiempo u otro los esposos o amantes de Oshún. Sólo Obatalá —su padre y confidente— y Elegguá no han estado unidos íntimamente a esta deidad.

El poder de Oshún sobre los hombres está profundamente conectado con su propiedad de la miel, un símbolo secreto de su sexualidad. Es la Venus del panteón yoruba.

Cuentan que Oggún un día se retiró al monte y ninguna deidad había logrado sacarlo de ese encierro. Las deidades enviaron a Oshún para ver si ella podía hacer algo, y ésta utilizó con el orisha sus seductores encantos para que se le aproximara y, tan pronto como la deidad se le acercó, ésta cogió un poco de su miel y le mojó sus labios. Oggún quedó prendado de esta deidad y la siguió hasta donde se encontraban los demás orishas.

Cada vez que un creyente en santería quiere hacer un trabajo relacionado con el amor y el dinero, ofrece un sacrificio a Oshún y espera con fe que ésta se lo conceda.

La sopera de Oshún es multicolor, con predominio del amarillo, o puede ser amarilla completamente; está llena de agua, preferiblemente agua de río por residir la fuerza de esta deidad en este elemento de la naturaleza. También se encuentran dentro de la misma cinco otanes, los cuales deben recogerse en el río; además de dos remos, peces, una media luna, una estrella y un sol en metal, y sobre su sopera cinco manillas como las de Yemayá, pero en oro. A Oshún se le sacrifica: chivo castrado, gallina, paloma y guinea.

Se le ofrendan dulces finos, naranjas, piñas y calabazas. Le gusta las plumas de pavo real, la miel —que es inseparable—, los girasoles y todas las flores bellas y finas.

La celebran el 8 de septiembre, el día de la Virgen de la Caridad del Cobre. Su número es el cinco, que está relacionado con el amor y el matrimonio.

Saludo:

OSHÚ DURO AMA DUBULE DURO GANGA LABOSI

Oyá: Nuestra Señora de la Candelaria

Oyá es la diosa del río Níger. Este río corre al norte y al oeste del territorio yoruba. También es conocida por el nombre de Yansa, y sus poderes se manifiestan a través de los temporales y los fuertes vientos. Oyá es vista como una mujer guerrera, dueña del viento y de los temporales. Fue amante de Changó y luchaba con éste en las guerras.

Oyá.

Vive en el cementerio, aunque sufre mucho cuando ve los cadáveres que le trae la deidad Orisha-Oko en su carreta —encargado por Olofi a esta misión. Cuando Oyá está en calma, es una mujer campesina, hacendosa, cariñosa, dulce y preocupada. Pero cuando está furiosa es terrible, falsa y mentirosa como el viento.

Según una antigua tradición, Oyá fue la primera esposa de Changó y, un día que éste se preparaba para una guerra, Oyá vio que Changó tomó de una poción que le permitía arrojar fuego por la nariz y por la boca, cosa que lo ayudaba mucho en sus guerras para derrotar a sus enemigos. Oyá, al ver esto, quiso hacer lo mismo y cuando Changó llegó, notó que ésta también podía hacer lo mismo que él. El orisha se enfadó con su esposa ya que éste era un secreto que le pertenecía a él.

A pesar de que Oyá y Oshún a menudo riñen por los favores de Changó, ya que para ambas esta deidad viril es su eterno enamorado, son buenas amigas. Cuando los creyentes van a poner un sacrificio para una de estas dos deidades, lo ponen en medio de ambas, pues como dicen, ambas "comen juntas" lo que se les pone. Pero Oyá y Yemayá son tan enemigas que las soperas en las que vive cada una de estas deidades no pueden estar juntas. Los creyentes preparan grandes sortilegios de magia utilizando los poderes de esta deidad por el gran vínculo que tiene con el cementerio y los eggun.

Representa los colores del arco iris. Habita en una sopera pintada de nueve colores, con sus nueve otá, que se buscan en el cementerio. Le gusta comer chiva negra, gallina de guinea, caimito, berenjena y aguacate. Se le ponen dulces, frutas, frijol de carita. Se celebra el 2 de febrero, día de la Virgen de la Candelaria. El número que representa a esta deidad es el número nueve. Este número está relacionado con sufrimientos y penas. Como ya mencionamos, esta deidad sufre cuando ve los cadáveres que le trae Orisha-Oko en su carreta al cementerio. Cuando se va a hablar con ella se le toca una vaina de framboyán.

Mata con fuertes corrientes de aire, con la electricidad, el fuego y el rayo.

Saludo:

YANSÁN AKI LORDA AKÍ MEMO ENU ONTICONO
KUE KUE OYÁ IGU-ORÍ GUÁ ARO
AYÉ ORUNLÁ MÍO BOMBO NILO
JEKUA JEY IYANSÁN ARÍ IKÚ
JER JERÍ OBINI DODO.

OGGÚN: SAN PEDRO

Oggún es un personaje histórico en África, fue gobernador de la ciudad de Ilé-Ifé. Es muy respetado por tener entre sus virtudes el ser un buen guerrero. El fundamento de Oggún es entregado a los creyentes junto con Ochosi, Ozun y Elegguá, conocidos como los guerreros, y se les atribuye la virtud de proteger a los creyentes que los reciben durante su estancia en la Tierra.

Oggún es el dueño del hierro y los metales, protege a quienes lo reciben de accidentes de trenes, coches e incluso de la cárcel.

Oggún.

Por ser un símbolo de la guerra, es un orisha muy respetado. Oggún simboliza el cuchillo con el que se sacrifican los animales a los demás orishas.

Esto es un problema, pues mientras se dice que la deidad Elegguá "come" primero, por otro lado se dice que es Oggún, pues la sangre toca primero al cuchillo que a la piedra donde habita Elegguá.

Oggún vive en el monte, por eso cuando un creyente va a tomar alguna planta, primero le pide permiso a Oggún y luego le deja un derecho en monedas. Nadie puede cortar una planta, entrar al río o al mar sin antes pedirle permiso al orisha que reside en ese lugar, que ellos llaman Inlé o casa de la deidad.

Cuando una persona tiene problemas con la justicia o quiere evitar ir a la cárcel, suele utilizar los poderes de Oggún mediante polvos que los santeros y babalawos en Cuba llaman afoché, y que derraman en el tribunal donde se celebran los juicios, para así salir del problema.

Oggún se recibe en una caldera de hierro, y dentro de esa caldera se colocan diferentes réplicas en hierro de instrumentos de trabajo: machetes, palas, picos, rastrillos, clavos, martillos, serruchos, cuchillos y un arco y una flecha, los cuales pertenecen a Ochosi, que habitan junto con los de Oggún en esa caldera.

Los colores de Oggún son el verde y el negro. A Oggún se le ponen frutas, dulces, miel, biato asado con miel, pescado, jutía ahumada y maíz tostado, una bolsa de piel y un machete. Se le sopla aguardiente y huma de tabaco.

Saludo:

AGUANILLÍ IREBEYO AMA KAN OKE AGUANA ASHE
IRISHA OKÉ OKÓ MOFORIBALE OKÉ.

OCHOSI: SAN NORBERTO

Ochosi es originario de la región de Ketú, en Nigeria. Es guerrero, cazador y pescador por excelencia. Éste forma parte de la justicia divina. Ochosi dejó a su madre Yemayá para irse a vivir al monte junto con Ozaín, que vive entre las plantas.

Ochosi es visto como un héroe. Era un hombre común, pero debido a las grandes hazañas que realizó por la gente de su aldea, fue divinizado y entró a formar parte del panteón yoruba. El color de esta deidad es el azul claro. A Ochosi se le sacrifica: chivo, venado, jutía, paloma y todas las aves. Ochosi está identificado con San Norberto y su fecha de celebración es el 6 de junio.

Ochosi.

Su número el dos, primero por la dualidad de los cuernos y, en segundo lugar, porque el número dos en la adivinación significa "guerra entre hermanos". Los cuernos de venado son considerados en la santería tan importantes como el espíritu santo entre los católicos, ya que el poder de Olofi reside en ellos.

Saludo:

OCHOSÍ ACHÓ NIGUERE IYÁN IYEGUIRE ODEMATA ODE
BARU BAROLIYO AKIKO MOSIERE KAMA IKÚ KAMA
ARENE KAMA AREYO KAMA AROFO.

OZUN

Ozun es el mensajero de Obatalá y Olofi. Es el custodio y el vigía de los creyentes. Se representa mediante una copa en metal que en su parte superior tiene la figura de un gallo. Toda persona que recibe a esta deidad tiene que poner su copa en un lugar alto de la casa y, si la misma se cae por sí sola, es porque le

Ozun.

está avisando a su dueño que su vida está en grave peligro. Esta copa también la reciben los babalawos, ya que Orula se apoya en esta deidad para obtener más poder y sabiduría.

Ozun no está sincretizado por ninguna imagen católica, ya que no existe relación alguna de esta deidad con la doctrina católica, así como tampoco se relaciona con ningún número. Los creyentes no le piden nada a Ozun, no le rezan, ni le ponen ofrendas. Aunque sí se le sacrifican los mismos animales que se le sacrifican a Elegguá, Oggún y Ochosi durante la ceremonia de entrega de los guerreros.

BABALÚ-AYÉ: SAN LÁZARO

Es muy venerado y con muchos fieles en Cuba. Es un santo muy milagroso, es el patrón de la viruela, la lepra, y de todo lo que se corrompe. Hubo una época en que Babalú-Ayé llevaba una vida de desorden y no hacía caso a los consejos que le daban los mayores. Esto causó que comenzara a recoger todas las enfermedades de la tierra yoruba. Los sacerdotes comenzaron a despreciarlo y ya su opinión no contaba en el pueblo; la gente que antes lo aceptaba, ahora le lanzaba agua para que se apartara de sus caminos.

Cuando decidió irse de su pueblo, debido a tales desprecios, se encontró con Elegguá-Eshu, quien decide llevarlo a Orula para que lo consultara con los oráculos y le dijera qué hacer. Orula le dijo que sería grande en tierras lejanas, pero que tenía que hacer ebbo y tener siempre un perro a su lado, que le pidió a Oggún.

Haciéndole caso a Orula, se fue hasta Dahomey y allí se hizo rey, y Olofi mandó un fuerte aguacero que lo limpió y le quitó todas sus enfermedades, todo por haberle hecho caso a Orula. Por eso, a pesar de ser de tierra yoruba, esta deidad se hizo famosa en tierra arará. Los secretos de Babalú-Ayé se ponen en una cazuela plana tapada con otra a la inversa.

A su alrededor se encuentra una cazuela para su Elegguá, que los santeros llaman Afrá (por haber ayudado este orisha) y un Ozun donde se encuentra el ashé secreto de Babalú-Ayé, que está coronado con un perro. Entre sus atributos tiene un ajá con el que los santeros limpian a las personas que padecen de alguna enfermedad.

Entre los secretos de esta deidad se encuentran dos perros en metal y dos en madera, dos muletas y siete piedras. Cuando se lavan los objetos de culto de este orisha, o durante sus ceremonias, todo se hace con agua de coco o con vino seco, porque con el agua fue ofendida esta deidad. El color de esta deidad es el morado y el amarillo. Se le sacrifica la sangre de los siguientes animales: chivo, gallo, paloma y guinea. Su celebración se hace el 17 de diciembre con San Lázaro.

El número de este orisha es el número 13. En los registros de adivinación en santería el número trece significa "donde nace la enfermedad".

Saludo:

BABA LU AYÉ OGO RO NIGAN IBA ELONI AGUÁ LITASA
BABÁ SANLAO IBA ELONI AGRONIGA CHACAUNA IBA ELONI.

ORISHA-OKO: SAN ISIDRO LABRADOR

El culto a Orisha-Oko proviene de Irawo, al noroeste del territorio yoruba. Los mitos yorubas lo describen como un cazador que luego se convirtió en agricultor. Es el dueño de la tierra, la agricultura y las cosechas. Es el patrono de los labradores.

Es quien cuida las plantaciones de ñame que tenía Obatalá fruto sagrado de este orisha. Debido a la fertilidad que repre senta a este orisha, las mujeres estériles recurren a él para encontrar la fertilidad.

Casi todos los santeros, aunque sea una vez al año, le dan de comer a la tierra para que le de fuerzas y salud. Este orisha tiene dos caras, de día es un hombre apuesto y varonil, pero en la noche es la muerte en compañía de sus amigos del cementerio, y es que esta deidad es la encargada de llevar los muertos al cementerio y hacer el hueco para enterrarlos. Los colores que lo representan son el amarillo y el marrón, por ser los colores del sol y la tierra, ambos asociados a la agricultura.

Entre los atributos de este orisha podemos encontrar, dentro de un plato de barro, elementos que representan la agricultura como: un arado de bueyes, dos cocos pintados de rojo y blanco y una teja. La teja que se encuentra entre los atributos de este orisha simboliza los techos de las casas de los iniciados, ya que Orisha-Oko es entregado a los santeros para que tenga fortaleza y seguridad material en sus vidas. También se encuentran siete caracoles pintados con los colores del arco iris.

Los animales que se le ofrecen a Orisha-Oko son: paloma, gallo y chivo, y su celebración es el 14 de mayo.

Saludo:

ICHAOKO OFÉ TÉ
IKÚ ORÍ AYÉ.

LOS IBEYIS O GEMELOS DIVINOS: SAN COSME Y SAN DAMIÁN

El frecuente fenómeno de los nacimientos de mellizos en el país yoruba ocasionó el establecimiento de un culto a los gemelos divinos llamados Ibeyis. Para los yorubas el nacimiento de gemelos en un hogar simbolizaba poder y buena suerte.

Los Ibeyis.

Los Ibeyis son conocidos también con el nombre de jimaguas. Son hijos de Oshún y Changó, pero criados por Yemayá. Son vistos como niños juguetones y golosos. Los jimaguas son los patrones de los barberos y los cirujanos. A uno se le conoce por el nombre de Taewo, "el que inspecciona el mundo", y al otro le llaman Kainde, "el que llegó después".

Se representan con dos muñecos vestidos completamente de blanco. Los santeros les ponen los collares de las deidades Changó, Yemayá, Oshún, Obatalá y Oggún, y los sientan en unas butacas pequeñas; frente a estos dos muñecos hay dos soperas; éstas llevan cuatro piedrecillas y siete caracoles. Junto a estos muñecos se pueden encontrar ofrendas con todo tipo de juguetes infantiles, así como diversas golosinas.

A los Ibeyis se les sacrifica: pollo, guinea y paloma. Éstos están relacionados con San Cosme y San Damián. Su celebración es el 26 de septiembre. Los Ibeyis no tienen números que los representen, pero en los oddun del oráculo de adivinación estos "hablan" en todos los números pares.

Saludo:

EBEYI ORO ALABA CAINDE ACHÓ NIRÉ GUÁ FUMI ORUN
ALE I GUÁ MALE NIRE IKÚ NICHÉ GUÁ NOTA
COFI ADENU KIMBACH NIRE IKÚ CAFÓ ARÓ CAFÓ EYO
CAFÓ ILÉ TUTÚ LAMA TUTÚ LA ROYÓ OTU GUÁ BA
OSI A GUÁ ACHÉ OMI TUTÚ.

OBBÁ: SANTA CATALINA DE SIENA

Obbá, junto con Yewá y Oyá, forman la trilogía de las orishas que habitan en el cementerio y son conocidas también como "las muerteras". Es la legítima esposa de Changó, la guardiana de las tumbas.

Ella es la Penélope del panteón yoruba, la mujer que siempre está esperando el regreso del esposo.

El receptáculo de Obbá es una sopera blanca floreada donde prevalece el rosado y el amarillo, pero su color representativo es el rosa y el negro. Lleva cuatro manillas de Oshún y dos de cobre.

A esta orisha se le ofrecen los siguientes animales: paloma, gallina y chivo. Está identificada con Santa Catalina de Siena y su celebración es el 29 de abril.

YEWÁ: SANTA ROSA DE LIMA

Yewá es hija de Oddúa. Los santeros iniciados en los secretos de Oddúa, y que reciben a la deidad Yewá, se distinguen por su gran acierto en los oráculos de adivinación. Yewá vive dentro del cementerio, entre las tumbas y los muertos.

A la misma se le considera como una virgen casta, y en presencia de sus objetos de culto no debe haber disputas, ni se debe hablar en voz alta. Los secretos de Yewá se ponen en una canasta hecha en mimbre y se forra con una tela color vino para que no se pueda ver nada de ella. Sobre esta tela se ponen caracoles incrustados y su iruke es de color blanco, al igual que el de su padre Oddúa.

Dentro de esta canasta en mimbre se encuentra su sopera, que es de color rosado o con detalles de ese color. También hay una muñeca, una piedra y nueve ángeles que son sus mensajeros entre el Cielo y la Tierra.

El color de esta deidad es el rosa y los animales que se le ofrecen son: chivas, palomas y guineas.

Esta orisha es asociada con Santa Rosa de Lima, y su festividad se celebra el 23 de agosto.

AGGAYÚ SOLÁ: SAN CRISTÓBAL

Es el verdadero padre de Changó, representa el volcán y es el Hércules de los orishas, su temperamento es belicoso y colérico.

Aggayú era un orisha muy fuerte y que ayudaba a cruzar a las personas el río cuando estaba crecido. La sopera de Aggayú contiene nueve colores. Entre sus herramientas se encuentran un hacha y armas en diseño africano fabricadas en hierro. Este orisha se identifica con San Cristóbal y su celebración es el 10 de julio.

Saludo:

AGAYÚ SHOLÁ KI NI
BA CHOLU ELONI.

OZAÍN

Nació por mandato directo de Oludumare, de la tierra, de la naturaleza. Es un santo maltrecho con un solo ojo, una oreja grande y otra chiquita, un solo pie y un brazo. Es compadre de Changó, al que le enseño el secreto del güiro. Siempre hay que contar con él para todo.

Los ozainistas son personas que dominan el secreto de cada planta, hoja o bejuco de cada santo y sus efectos —tanto benignos como malignos.

Es necesario para dar de comer al santo cuando se va a asentar Osha, o simplemente para lavar los collares. Este es el santo que guarda los tambores. Es el dueño de todas las plantas y hierbas que existen en el mundo.

CUALIDADES DE LOS ORISHAS

Babalú-Ayé: Protector contra las enfermedades de la piel, venéreas, de la lepra, de la viruela y en general de las dolencias y afecciones que padece el género humano.

Changó: Orisha del fuego, rayo, del trueno, de la guerra, de los tambores batá, del baile, de la música y de la belleza viril.

Elegguá: Dueño de los caminos, de las encrucijadas y de las llaves del destino; abre y cierra las puertas a la felicidad o a la desventura. Mensajero de Olofi y Orula. En Cuba es una de las deidades más importante y compleja de la regla de Osha.

Ibeyis: Los jimagüas celestiales que gozan del amor filial de todos los orishas; patrones de barberos y cirujanos.

Inle: Médico de la Ocha. Dueño del río y de los peces; patrón de los médicos.

Obatalá: Escultor del ser humano, dueño de todo lo blanco, de las cabezas, de los pensamientos, de los sueños.

Obbá: Deidad femenina, dueña de los lagos, lagunas, guardiana de las tumbas, símbolo de la felicidad conyugal.

Ochosi: Es el tercero de los tres orishas conocidos como guerreros. Dueño del arco y la flecha, es cazador por excelencia. Patrón de los que tienen problemas con la justicia.

Oshún: Deidad dueña del agua dulce, de los ríos, del oro, del dinero, del cobre, de la feminidad y del amor.

Oggún: Deidad masculina, guerrero. Dueño del hierro y la fragua. No vive en piedra, sino en objetos de hierro que se depositan en un caldero de este material. Patrono de los físicos, los químicos e ingenieros.

Olofi, Olorun y Olodumare: Personificaciones de la divinidad; viven retirados y pocas veces bajan al mundo. En Ifá se recibe Olofi según el oddun que le salga al babalawo iniciado. No se realiza ningún acto religioso sin la presencia de Olofi.

Orula, Orunla, Orúnmila: Adivinador por excelencia, consejero de los hombres; intérprete del oráculo de Ifá.

Ozaín: Dueño de la vegetación terrestre, botánico por excelencia vive en el monte, deidad de la farmacopea.

Oyá Yansa: Dueña de la centella, de los vientos fuertes y portera del cementerio.

LOS ORÁCULOS

La santería depende mucho de la adivinación, y es que las ceremonias religiosas y las actividades cotidianas de sus integrantes dependen casi en su totalidad de las orientaciones y directrices emanadas por los oráculos.

En diferentes culturas del mundo donde se practican este tipo de creencias animistas y fetichistas es fundamental la utilización de los oráculos de adivinación. Los oráculos son esenciales en la santería, ya que para todas las ceremonias y las consultas de los fieles a los orishas es necesaria la adivinación.

Cuando una persona asiste a la casa de un santero o una santera, siempre se le explica lo delicado que puede ser el ponerse en manos de una persona que no esté consagrada debidamente en los secretos de las deidades yorubas, ya que esto le puede producir consecuencias nefastas al consultado.

Es mediante la consulta de los oráculos de adivinación la forma en que los seres humanos pueden entrar en contacto directo con los orishas. De esta forma podrán enterarse de los problemas que interfieren en su vida, además de las soluciones para resolverlos. En la consulta al oráculo de Ifá "habla" directamente Orula, mientras que en la consulta de los caracoles "habla" Elegguá, manifestando el mensaje de todos los orishas.

Cuando un individuo comparece ante Olofi para "bajar" a la Tierra, los dos únicos testigos que están presentes son Orula y Elegguá. Por tal razón, Orula y Elegguá son los únicos que saben cuál es la misión que Olofi le ha dado a cada persona antes de nacer. La tarea de ambos orishas es la de hacer que ese ser humano cumpla con esa misión aquí en la Tierra.

Debido a que Elegguá sabe desde antes de su nacimiento el destino de cada una de las personas, los santeros piensan que hay que complacer todo el tiempo a Elegguá para que lo lleve por el buen camino de la vida.

Los santeros y babalawos creen también que se tienen que consultar frecuentemente los oráculos, ya sea con un babalawo o con los santeros, por medio del Dillogun con los caracoles que han sido consagrados a Elegguá. Estos sistemas de adivinación actúan como intermediarios entre el hombre y Elegguá para que esta deidad lo lleve directo a la misión que la persona escogió antes de bajar a la Tierra.

Es en este momento cuando entran en juego los oráculos de adivinación en la santería. Por un lado, porque el creyente piensa que será mediante el oráculo que podrá encaminar su destino y así efectuar la misión que Olofi le encargó aquí en la Tierra y, por otro lado, porque las deidades le previenen de situaciones negativas y la forma en que debe actuar ante las vicisitudes.

Así pues, en las consultas de los oráculos, cuando una persona tiene problemas, el santero o la santera le dice al consultado que traiga una ofrenda dedicada a un orisha en particular y que ese orisha le puede ayudar a salir del problema.

Los sistemas de adivinación tienen como base la tradición oral del Ifá, conocimiento que adquirieron éstos por medio de las enseñanzas del profeta Orúnmila. El sistema de adivinación de los babalawos se conoce con el nombre Ifá.

Está compuesto de letras que marcan el registro de la adivinación, de apattakies de la mitología yoruba. Las historias narran sucesos por los que pasaron los dioses cuando habitaban en la Tierra y les son explicadas a los consultados por el adivino, para que de esta forma la persona pueda entender mejor el problema por el que está pasando. Después de esto, el consultado procederá a seguir las instrucciones haciendo las ofrendas indicadas a los orishas para su protección.

Los diferentes sistemas de adivinación que existen en la religión yoruba son: "la consulta con el coco", "con los caracoles", "el opelé" y el "tablero de Ifá", aunque estos dos últimos sistemas de adivinación están reservados para los babalawos.

Los santeros y babalawos, según sea el caso, interpretarán los oddun o signos que aparezcan por medio de los oráculos de adivinación y manifestarán a las personas los consejos que los orishas emitan con la finalidad de hacer mejorar su salud, su estabilidad, su porvenir y la protección que necesitan.

Muchos de los problemas y situaciones difíciles por las que pasan pueden ser solucionados con éxito cuando se acude a buscar la orientación de Olofi por medio de la adivinación. Aunque también son conscientes de que, si el problema del cliente es grave, ya sea de salud o legal, entonces es su responsabilidad el decirle a su cliente que acuda a un médico o a un abogado, ya que el mismo sistema de adivinación aconseja que lo deba hacer.

EL ORÁCULO DEL OBI O EL COCO

"Oráculo de Biagué" es el nombre que recibe el método de adivinación mediante el uso de los cuatro pedazos de coco. Recibe este nombre porque, según un apattaki yoruba, fue un adivino llamado Biagué quien creó este sistema de adivinación.

En santería, el coco es de suma importancia y es utilizado con diferentes propósitos. Su dueño es Obatalá; es el medio más directo de comunicación con los orishas y los eggun (espíritus de los difuntos). En las ofrendas de tributo o agradecimiento no pueden faltar. A través de las distintas posiciones del coco se puede leer el Dillogun y el Ifá, aunque habitualmente se utiliza para preguntas sencillas. Esta lectura la realizan personas que hayan recibido los guerreros.

El oráculo del coco se utiliza para conocer las decisiones y los deseos de un orisha, también durante la preparación de las ofrendas que se le darán a los orishas y durante la ceremonia de rogación de cabeza.

Los santeros nunca usan el coco para hacer un registro o lectura, ya que las respuestas que podrían recibir de este tipo de oráculo son limitadas. El oráculo del coco se utiliza también en medio de ciertas ceremonias para saber si todo está en orden o para saber si la persona a la que se le está preparando una ceremonia necesita algo más.

Al finalizar las ceremonias religiosas, los santeros le preguntan a las deidades, por medio del obí, a qué lugar deben ir a tirar los sacrificios u objetos que se utilizaron durante la ceremonia. Como normalmente los santeros saben más o menos cuáles deben ser esos lugares, van haciendo diferentes preguntas hasta que les salga la letra de afirmativo. Estos lugares pueden ser: la puerta de una iglesia, el cementerio, el mar, el río, el monte, etcétera.

Lo primero que hacen los santeros para poder hacer esta consulta es abrir un coco seco. Nunca se tirara al suelo, porque estaría ofendiendo a una deidad llamada Obbi, la cual vive dentro del mismo. Luego proceden a cortar cuatro pedazos del mismo en forma triangular —recordemos que para el yoruba y los santeros la trinidad forma parte de sus creencias y se relaciona con sus deidades— y lo ponen en un plato color blanco (símbolo de pureza), junto con una jícara con agua. Mientras tiran un poco de agua al suelo para "refrescar el ambiente", van sacando del coco unos pedacitos del mismo con su uña, los cuales tiran al suelo.

Una vez que lanzan las cuatro cortezas de coco al suelo, pueden combinarse de cinco formas diferentes:

- **Alafia:** es cuando los cuatro pedazos de coco caen mostrando la parte blanca, lo que significa "sí" o "todo bien", paz, felicidad, prosperidad. Aquí hablan Changó y Orula.

- **Eyifé:** es la combinación de dos pedazos blancos y dos negros, y significa un "sí" contundente.

- **Etawe:** es la combinación de tres caras blancas y una oscura; esto significa que algo está incompleto en la ceremonia, que hay duda. En este caso hay que volver a tirar y a preguntar.

- **Okana Sorde:** es la combinación de tres caras oscuras y una blanca. Esta letra significa "no". En esta letra hablan Changó, Babalú-Ayé y los ikus; presagia algún problema grave.

- **Oyekun:** que es cuando las cuatro cortezas caen mostrando su parte oscura. Esta letra significa "no" y predice la muerte del consultado, de un familiar o de un amigo cercano. Cuando sale esta letra, el adivino toma los cuatro pedazos de coco y los coloca dentro de la jícara con agua junto con ocho pedazos de manteca de cacao. El adivino entonces debe registrar al consultado con el oráculo mayor de los santeros, conocido con el nombre de Dillogun.

Se utiliza este tipo de oráculo cuando necesitan tener una respuesta rápida acerca de un problema, pero siempre sabiendo que la respuesta estará limitada a un "sí" o un "no".

LEYENDA DE OBI

Obi era un santo muy presumido y vanidoso. Un día Olofi dio una fiesta en el templo a la cual fueron todos los orishas. Al llegar Obi, toda la gente fue a saludarlo y a pedirle dinero, como lo hacían con los que iban llegando. Pero Obi los rechazó y no quiso que lo tocaran.

En el interior del templo, los orishas se iban sentando en el suelo, pero Obi no se sentó para no ensuciarse. Fue tanta su vanidad y su orgullo que las quejas llegaron a oídos de Olofi, quien quiso constatarlo con sus propios ojos, así que organizó otra fiesta y se disfrazó de mendigo para que Obi no lo reconociera.

Cuando iba a entrar, salió a su paso y con un gesto humilde fue a saludarlo. Obi lo reconoció quedando tan sorprendido que perdió el habla. Entonces Olofi le dijo que le devolvería el habla pero que sólo podría hablar en el suelo como castigo por ser tan orgulloso y vanidoso. Por eso, el coco se tira al suelo y habla con dos caras.

EL ORÁCULO DEL DILLOGUN
O LOS CARACOLES

Lo realizan santeros y es el método adivinatorio por medio de los caracoles, 16 en total. Aunque los santeros sólo leen 12, el resto les corresponden a los babalawos. Después de mayubar (rezar), se arrojan sobre la estera en el momento de la consulta. Las combinaciones posibles son 17, conocidos popularmente como oddun.

Estos oddun, al combinarse, originan 256 oddun compuestos, los cuales representan personajes oraculares. A cada uno de éstos les corresponden distintos refranes derivados, por lo general, de antiguas historias yorubas.

Estos refranes, unidos a las distintas generalidades positivas o negativas, son lo que permiten al consultante caracterizar la situación específica que vive el cliente o consultado por un espacio de tiempo determinado.

Los caracoles, previamente preparados, pueden adoptar 2 disposiciones: con la abertura original hacia arriba, o viceversa. Cuando cae hacia arriba, se dice que está en posición favorable, y cuando cae en la posición inversa, se dice que es posición no favorable. Además de los caracoles, este sistema de adivinación utiliza como instrumentos auxiliares los ibo, objetos que sostenidos en las manos del consultado hacen que el santero o babalawo obtenga respuestas de "sí" o "no" a las distintas interrogantes o alternativas que permitirán hacer predicciones sobre el futuro del consultado. El sistema de adivinación se completa con los ebbos y adimú, que son los distintos recursos y alternativas, como limpiezas, baños, ofrendas, etcétera.

A diferencia de otros sistemas adivinatorios, el Dillogun cubano no sé basa en la posible inspiración divina o poderes psíquicos. Este sistema se rige por un conjunto de corpus de conocimientos, previamente establecidos, perfectamente diseñado y estructurado que el santero debe conocer a la perfección.

LEYENDA DEL DILLOGUN

Yemayá estaba casada con Orula, gran adivinador de la tierra de Ifé; él estaba muy unido con el secreto de los caracoles. Un día tuvo que hacer un viaje, largo y tedioso para asistir a una reunión de babalawos que había convocado Olofi.

Como Orula demoró en el viaje más de lo que había calculado Yemayá, se quedó sin dinero comenzando a pasar fatigas. Así que un día se decidió aplicar toda su técnica y su sapiencia para consultar por su cuenta a quienes precisaban de ayuda.

Yemayá era adivinadora de nacimiento; sus predicciones tuvieron mucho éxito y sus ebbos ayudaron a mucha gente. Orula, de regreso, escuchó decir que había una mujer adivinadora y milagrosa en su pueblo.

Él, intrigado, se disfrazó y fue preguntando por el lugar donde vivía la adivinadora, con la sorpresa que llegó a su propia casa. Yemayá al descubrirlo le dijo: "¿Tu creías que me iba a morir de hambre?", entonces él furioso la llevó delante de Olofi, quien decidió que Orula consultara con el Ekuele, los Ikines y el tablero de Ifá, y que Yemayá dominara los caracoles solamente hasta el número 12, pero le advirtió a Orula que cuando Yemayá saliera en su oddun, todos los babalawos tendrían que rendirle pleitesía, tocar con la frente el tablero y decir: "Ebbo fi Eboada" (lo poco que se está haciendo es para tu bien).

Este sistema es mucho más completo que el sistema del coco y por lo mismo más complejo. Los caracoles son de mucha importancia para los santeros, ya que mediante este sistema de adivinación creen predecir el pasado, presente inmediato y futuro de la persona que se está consultando.

La diversidad de formas que pueden componer los caracoles en sus caídas es considerable y cada una de éstas tiene una interpretación según el código del adivino, conocido como oddun.

Estos oddun son apattakies o historias de la mitología africana y narran situaciones por las cuales pasaron los orishas cuando vivían en la Tierra en el principio de la creación, situaciones por las que puede estar pasando el consultado.

Los santeros y santeras que se dedican a consultar mediante la adivinación del Dillogun deberán tener un profundo conocimiento de los oddun y una buena retentiva mental para poder establecer una relación entre los hechos narrados en la lectura y los problemas que tenga el consultante.

Los adivinos por medio de los oddun, también tienen la facultad de informarle al consultado qué tipo de ofrendas o ebbos puede hacerle a los orishas para salir de su problema con la ayuda de éstos.

Los santeros compran los caracoles cerrados y su padrino o madrina es quien debe abrirlos cortando un pedacito de la superficie que está completamente cerrada.

Estos caracoles, conocidos como cauris, en el momento de la adivinación se convierten simbólicamente en la boca por donde hablan las deidades orishas. Los caracoles se consiguen en las botánicas.

Cuando un santero o una santera van a registrar a una persona, lo primero que hacen es pedirle su nombre completo y su fecha de nacimiento. Una vez que anota estos datos en un papel, el santero o la santera proceden a poner sobre la mesa o el suelo una estera. Sobre esta estera ponen los caracoles, un vaso con agua, los Igbos y una libreta para apuntar los oddun que van saliendo.

Cuando terminan de preparar la mesa, los santeros dicen las siguientes palabras: "Omi tuto, Ona tuto, tuto egún, tuto laroye, ilé tutú", que quieren decir: "Agua fresca para que se refresque el revoltoso y refresque los caminos y la casa".

Después de esto, el adivinador comienza a rezarle a Olofi, Olorun, Olodumare y a todos los orishas protectores para que su registro sea de provecho para el que se está consultando.

Éstos comienzan rezándole a Elegguá para que le abra el camino de la sabiduría y no haya complicaciones, luego hacen lo mismo con Ochosi, Oggún, Orisha-Oko, Obatalá, Oyá, Oshún, Changó, Yemayá, Babalú-Ayé y los Ibeyis.

Además de solicitar la ayuda de las deidades, éste les pide la bendición a los santeros mayores ya fallecidos, a los cuales nombra en voz alta para que éstos, desde donde quiera que estén, le provean la sabiduría y el entendimiento necesario en el registro que van a realizar

Una vez salga la letra, el santero o la santera contará los caracoles que hayan caído boca arriba. Si, por ejemplo, fuesen tres, la letra sería Oggundá. Aunque no sucede con frecuencia, puede pasar que todos los caracoles caigan boca abajo, en este tipo de registro viene "hablando" Olokun; entonces el adivino tira agua en forma de lluvia en el interior de la casa para "refrescarla", ya que esta divinidad orisha es considerada como una deidad malévola y puede que esté augurando una tragedia. Los ebbos que marcan los oddun son importantes y los debe hacer el consultado lo antes posible para que las deidades lo ayuden y pueda salir pronto del problema en el que está. Los ebbos siempre conllevan un derecho monetario para la preparación de las ofrendas o las ceremonias religiosas.

El oba u oriaté es el más capacitado para consultar el oráculo del Dillogun. Esto no quiere decir que no se puedan conocer sus historias y letras como también sus oddun.

El oba lo hace Ifá, es decir una junta de babalawos lo examina y al final ellos dirán si está listo para desempeñar esta tarea tan difícil.

LOS CONOCIMIENTOS QUE DEBE TENER UN OBA

La regla de Osha se caracteriza por la cantidad de ceremonias que se realizan en las diversas consagraciones que tienen objeto cuando una persona necesita del concurso de los orishas para estabilizar sus niveles de vida.

En estas ceremonias deben estar presentes los padrinos y un grupo de santeros y santeras que trabajarán y serán testigos de las consagraciones. Puede ser que en estas consagraciones los santeros presentes y los padrinos constituyan un grupo de personas respetables y se hayan esmerado en la organización de los rituales a realizarse, pero si falta la presencia del oriaté o italero, lamentablemente las ceremonias estarán incompletas. Con esto queremos decir que el oriaté es un personaje que debe estar presente en toda consagración de Osha, ya que él es el que dirige todos los ceremoniales gracias a los amplios conocimientos que tiene sobre la santería o religión yoruba.

En pocas palabras podemos decir que el oriaté es un santero que tiene extensos conocimientos sobre los cantos, rezos y ceremonias que se efectúan en el cuarto de santo a la hora de realizar las consagraciones. Este personaje tiene el conocimiento suficiente para estimular y llamar las fuerzas o energías de los orishas que van a participar en los rituales de Osha.

La palabra oriaté significa en lengua yoruba "cabeza sabia". Etimológicamente podríamos descifrar dicha palabra como orí: cabeza, y até: tablero de Ifá. Recordemos que simbólicamente el até o tablero de Ifá representa el conocimiento y la sabiduría del mundo.

Se sabe que todo el conocimiento no puede estar en una sola cabeza, como lo dice el signo Ogbe-Di, pero los oriateses deben instruirse cada día más para poder llevar con dignidad tan importante título, por lo cual deben mantener y ampliar sus conocimientos religiosos.

La figura del oriaté es respetada en cualquier casa de santo, sin importar su edad cronológica, ni su edad santoral. Esto se debe a que es visto como un sacerdote mayor gracias a su gran conocimiento.

Como ya se dijo, todas las ceremonias importantes deben ser conducidas por él, desde un oro a Eggun hasta las ceremonias del Ituto o funeral yoruba, pasando por los cantos a Ozaín.

Extendiéndonos en este último punto, una expresión popular entre santeros dice: "sin Ozaín no hay santo", lo que significa que siempre se debe hacer un Ozaín antes de cualquier consagración. Esto consiste en realizar un mínimo de 16 cantos rituales a esta importante deidad para que bendiga el extracto de hiervas que se va a utilizar para purificar los elementos sagrados que se van a fundamentar en ese momento.

Los cantos o suyeres son sumamente importantes en el trabajo del oriaté. Los debe realizar totalmente en lengua yoruba y cada uno va a tener una función específica en la consagración, por lo que debe conocer su significado para poder utilizarlos en el momento adecuado. Estos cantos van a variar según sea el caso. Existen cantos para Eggun (espíritus guías) en donde se le rinde tributo a los antepasados o a santeros, santeras o babalawos difuntos.

También está el Oro de Igbodú o "cantos ceremoniales del cuarto de santo", los cuales son suyeres dedicados a los orishas. En el momento de la consagración el oriaté canta en yoruba por lo menos tres suyeres a cada orisha. Estos cantos son específicos y el Obá debe tener conocimiento de lo que está haciendo porque hay cantos para llamar a los santos y hay otros para calmarlos cuando se posesionan del santero y llegan aturdidos luego del largo viaje del Cielo a la Tierra.

Además de los cantos, el Obá conoce con perfecta claridad todos los conceptos religiosos de los yorubas y el significado ritualístico de cada una de las ceremonias que realiza. Otra de las funciones del Obá-oriaté (muchos piensan que así es como se debe llamar) es la de interpretar el mensaje de los orishas a través del "oráculo de los caracoles" en la ceremonia del Itá o "lectura del porvenir". Allí debe tener pleno dominio del oráculo además de los rezos de cada signo, los cantos del Nangareo (desayuno que se tiene con Olorun antes del Itá) y el "ebbo de estera", en donde el yawó, o recién consagrado, es limpiado gracias a la influencia de los signos y a los rezos que se hacen en cada uno de ellos.

En el Itá el Obá-oriaté manifestará su conocimiento sobre los patakíes o historias yorubas para extraer de ellos los mensajes que guiarán el camino del nuevo consagrado en una nueva perspectiva de vida.

Como maestro de ceremonias en sus funciones también recae la responsabilidad de ayudar a los santeros desencarnados a encontrar el camino que los llevará a Olofi. En la ceremonia del Ituto, llamará a los orishas y a los espíritus guías del santero difunto para que lo desprendan de la Tierra y lo lleven a planos superiores.

1. OKANA
2. EYIOKO
3. OGGUNDÁ
4. IROSUN
5. OCHÉ
6. OBBARA
7. ODDI
8. EYEÚNLE
9. OSA
10. OFÚN
11. OWANI
12. EYILÁ
13. METÁNLA
14. MERÍNLA
15. MARÚNLA
16. MEDILOGUN

EXPLICACIÓN DE LOS CARACOLES

Una mano de caracoles son 18, pero se tiran 16; los que se sacan se llaman "addele". La mano de Elegguá son 21 y se sacan 5 al tirar.

Para la consulta de los caracoles son necesarios además los siguientes objetos, llamados igbo.

1. Piedra chiquita que se llama Ota.

2. Caracol blanco larguito que se llama Aye.

3. Semilla de guacalote que se llama Ewe Aye.

4. Cabecita de muñeca que se llama Eri Aworan.

5. Pelotita de cascarilla que se llama Efun.

Cuando se da el caracol y damos con él para que diga "sí", se dice Ayeki igbo.

Cuando se da la piedra primero, se dice Ota igbo, pues la piedra es la que habla.

Cuando se da la cabecita de muñeca, se dice Aworan ki igbo. Aworan es la que habla.

Cuando se empieza a tirar el Dillogun para un registro primero se echa agua en el piso y se dice:

omi tutu, ona tutu ,tutu ile,
tutu laroye arikubabagua

(Esto quiere decir: "Que se refresque la casa, que se refresque el camino, que se refresque el revoltoso, que así sea").

Al tirar el Dillogun, se le presenta al consultado en la frente diciendo lo siguiente:

kosi iku, kosi ano, kosi eyo,
kosi ofo, aricu babagua.

(Que quiere decir: "Kosi iku que no haya muerte, kosi ano que no haya enfermo, kosi eyo que no haya revolución, kosi ofo que no haya perdida, aricu babagua que venga lo bueno, que así sea").

Ahora bien, el Dillogun siempre se tira dos veces las primeras tiradas para sacar el oddun.

Lo primero que se pregunta es:

1. Eboda: Si al pedir tú la mano que corresponde en ella está la cascarilla "efun", entonces es que sí viene con Ire la persona (Eboda).

Las dos primeras respuestas son las siguientes: Cuando pides la mano correspondiente y sale la cascarilla es que viene ire. Si coge el ota u otro igbo, es que la persona viene Osobbo.

Cuando las letras traen ire se pregunta si es:

1. Ire ariku: bien por parte de los muertos.
2. Moyare: Es seguro y firme su ire.
3. Koto yare: Que quiere decir bien incompleto —con una rogación que marque el orisha para ponerlo moyare.

❋ ❋ ❋ ❋ ❋

Para leer el Dillogun lo primero que se necesita saber es los refranes de las letras más importantes.

1. Ocana, por uno empezó el mundo.
2. Ellioco, flecha entre hermanos.
3. Orgunda, discusión-tragedia por una cosa.
4. Erozun, maíz no crece.
5. Oche, sangre que corre por las venas.
6. Obbara-icuro, rey no miente.
7. Oddi, donde se hizo el hoyo por primera vez.
8- Elleunle, la cabeza es la que lleva el cuerpo.
9- Osa, su mejor amigo es su peor enemigo.
10. Ofun, donde nació la maldición.
11. Ojuani, desconfianza, sacar agua con canasta.
12. Ellila, fracasado por revoltoso.
1-3 Ocana-Orgunda, revolución, no vaya a echar sangre por la boca.
2-8 Ellioco-Elleunle, un rey que lo quieren quitar a flechazos.

3-5   Orgunda-Oche, el muerto está parado-discusión en la familia.

4-5   Erozun-Oche, el muerto está dando vueltas buscando a quien coger.

10-5 Ofun-Oche, el muerto le quitó todo lo que tiene de santo.

6-9   Obbara-Osa, estás loco o te haces el loco.

9-6   Osa-Obbara, dos carneros no beben agua en la misma fuente.

9-8   Osa-Elleunle, después de frita la manteca, veremos los chicharrones que quedan.

8-9   Elleunle-Osa, lo malo que hayas hecho, no lo vuelvas hacer.

5-4   Oche-Erozun, si agua no llueve, maíz no crece.

5-7- Oche-Oddi, el que debe y paga, queda franco.

7-5   Oddi-Oche, absuelto por falta de pruebas.

5-2   Oche-Ellioco, dinero saca tragedia, arriba santo en la familia.

6-5   Obbara-Oche, para afuera, para la calle.

5-6   Oche-Obbara, una cosa piensa el borracho, y otra el bodeguero.

6-7   Obbara-Oddi, el perro tiene 4 patas y coge un solo camino.

7-6   Oddi-Obbara, peonia no sabe si queda con ojos prietos o colorados.

11-4 Ojuani-Erozun, agua, vergüenza mayor.

8-4   Elleunle-Erozun, si mi cabeza no me vende, no hay quien me compre.

5-9   Oche-Osa, buen hijo tiene bendición de dios y de los padres.

9-5   Osa-Oche, si no sabes la ley de aquí, la aprenderás en otro mundo.

1-6   Ocana-Obbara, no pierdas la cabeza, el muerto anda buscando a quien coger.

6-12   Obbara-Ellila, de fracaso en fracaso por revoltoso.

9-12   Osa-Ellila, hoy has fracasado por discutir tanto.

2-9   Ellioco-Osa, revolución en tu casa, en la calle, con tropiezos en tu vida.

6-8   Obbara-Elleunle, oreja no pasa cabeza.

2-5   Ellioco-Oche, revolución por santo.

3-7   Orgunda-Oddi, lo que se sabe no se pregunta.

3-4   Orgunda-Erozun, con Ire es bueno, habla de embarazo con Osobo; es palabra cierta, ten cuidado con la justicia; es malo porque aquí fue donde Oggún le metió la comida en boca a Oshún para que no hablara; ponle carne de puerco a Yemayá.

ODDUN MAYORES Y MENORES

Menores: 5, 6, 7, 9, 11.

Mayores: 1, 2, 3, 4, 8, 12, 13, 14, 15, 16.

PEDIR LA MANO PARA SACAR LOS IRES U OSOGBO

Para pedir mano izquierda deben salir: 1, 1-1, 2, 3, 4, 8, 10, 12, 10-11, 11-6, 4-11, 2-2, 4-4, 6-6, 8-8, 6-7, 6-9, 6-5, 9-5, 7-5, 1-5, 3-7, 8-9, 10-6, 12-6, 11-5, 11-9, 2-6, 2-5, 1-2, 3-3, 5-5, 7-7, 9-9.

Para pedir la mano derecha deben salir: 5, 6, 7, 9, 11, 11-1, 9-12, 5-7, 9-10, 9-11, 11-4, 5-9, 11-3, 5-12, 5-6, 6-12, 7-6, 5-11, 11-10, 11-9, 11-6, 9-7.

Los meyis son todos los números repetidos, por ejemplo: 2-2, 3-3, 4-4, 5-5. Y todos son izquierda.

PARA SABER QUÉ SANTO RECIBIR CON EL DILLOGUN

Para recibir a los Ibeyis cuando salga: 2-22-62-42 y 72.

Para recibir a Orisha-Oko cuando salga: 87.

Para recibir a Babalú-Ayé: 13, saliendo detrás o delante en cualquier forma en el registro.

Para recibir a Agayu: 1-99-69-96-93-39-63-36.

Para recibir a Oyá: 9-99-96-93-97-94.

Para recibir a Elegguá: 10-4-49-46-1-45.

Para recibir Oddua-Boronu: 88-10-4.

Para recibir a Inle: 53-35-58-73.

Para recibir a Ozaín: 63-64-67-73-37-69-66-36-39.

Para recibir a Oshún: 4.

Para recibir a Iroko: 10-4-6-12.

Para recibir a Nana buruku: 10-8-13-16.

EL ORÁCULO DEL ÉKULE Y EL TABLERO DE IFÁ

EL TABLERO DE IFÁ O ATÉ

Es una tabla redonda sobre la cual se tira el Ékule durante el acto adivinatorio. Esta tabla se coloca en el suelo sobre una estera; en ocasiones, el borde es labrado. En ella además se marcan los cuatro puntos cardinales. El norte representa el Sol, y lo rige Obatalá; el sur representa a Jesucristo y lo rige Oddúa; el este representa a la Luna, y lo rige Changó; el oeste representa el cuarto menguante de la misma y lo rige Echú.

CONSULTA CON
EL ÉKULE

La realiza un babalawo adivino de Orula. Se compone de una cadenilla de un largo determinado, en la que a tramos regulares, se le insertan 8 abalorios que pueden ser de coco, carey, etc. Lo importante es que los mismos pueden caer hacia arriba o hacia abajo durante el acto adivinatorio

De todos los métodos de adivinación utilizados por los yorubas, Ifá es considerado como el más importante y el más fiable. El oráculo de adivinación de los babalawos es más completo, pues los santeros solamente pueden consultar hasta el oddun número doce y el babalawo hasta el dieciséis.

El centro real de la adivinación Ifá recae en los miles de versos memorizados con el propósito de que las doscientas cincuenta y seis respuestas u oddun sean interpretados.

Los versos forman un cuerpo importante de arte verbal incluyendo mitos, cuentos folklóricos, plegaria de nombres, encantaciones, canciones, proverbios, e inclusive rompecabezas de preguntas. En efecto, estos versos constituyen sus sagradas escrituras no escritas.

El babalawo utiliza dos métodos de adivinación, uno es el ékule y el otro el tablero de Ifá. Las combinaciones pueden ser variadas cayendo de un lado o del otro. Por ejemplo, una combinación de oddun puede estar compuesta por tres medallones oscuros y siete más claros. Dependiendo de la forma en que caiga el collar, será el oddun que va saliendo.

La forma en que el babalawo hace el registro con el ékule es muy parecida a la forma en que los santeros hacen el oráculo con los caracoles. El babalawo pone sobre una estera el elemento agua para "refrescar" y purificar la sesión, así como también utiliza dos Igbos, muy parecido al de los santeros, que dan la confirmación de iré u osobo, poniendo cada uno en cada mano del consultado para que cambie los dos objetos de mano en mano sin que el adivino se dé cuenta.

Al final de cada consulta, el adivino, por medio del oráculo, le pregunta directamente a Orula el debido ebbo o sacrificio que debe hacer el consultado para salir bien del problema o los problemas que le atañen.

Debido a que los babalawos son los adivinos mayores en esta religión, se espera que conozcan un sinnúmero de versos más que los santeros, es por eso que la consulta de los babalawos es más complicada.

Estos versos muchas veces son consultados para dar un sentido lógico a las creencias y prohibiciones de la religión y a los ritos y ceremonias religiosas que éstos practican.

La segunda forma que tienen los babalawos para consultar es mediante una bandeja de madera llamada tablero de Ifá. De todos los oráculos que tiene el pueblo yoruba, este método de adivinación es el más complicado, tanto es así que los babalawos sólo lo utilizan en casos específicos y especiales.

La bandeja conocida como tablero de Ifá está hecha de la madera del árbol sagrado conocido en África como iroko. El tablero de Ifá es utilizado normalmente en momentos en que la vida de una persona corra peligro; también lo utilizan en ceremonias importantes referentes al cargo del babalawo y para sacar la "letra del año" de un pueblo o país, cuando se quiere saber cómo le irá a éste durante el año vigente.

IRES Y OSOGBOS

IRÉ

Bienestar. Cuando una persona tenga en su consulta Iré, nunca se debe marcar algún ebbo, ya que el ebbo elimina el Iré. En este caso, y si es necesario, se debe marcar algún adimú para reafirmar el bienestar que viene dando el caracol para ese momento en la vida del consultado.

Este bienestar o bendición que ha llegado, o está por llegar, puede venir por los santos, por los muertos, por su cabeza o por cualquier camino que tenga ese Iré. Al darle camino al adimú marcado, se convierte en ebbo. Siempre se pregunta si está en Iré con el Igbo Efun (cascarilla).

CAMINOS DEL IRÉ

Iré Aikú: Longevidad, vida, comienzo de un nuevo ciclo.

Iré Elesse Osha: Por medio de un santo.

Iré Elesse Ayé: Bienestar que viene por su propio esfuerzo, su trabajo o profesión, lo que la persona haga en la Tierra.

Iré Elesse Lowó: Iré que recibirá por o a través de sus manos.

Iré Elesse Owó: Recibirá algún dinero.

Iré Elesse Omó: Bienestar por parte de los hijos.

Iré Elesse Egun: Bienestar por medio de un espíritu, ya sea de un familiar o de algún espíritu simpatizante.

Iré Elesse Eleddá: Bienestar por medio de su cabeza, por su capacidad intelectual.

Iré Elesse Okó: Bienestar a través de un hombre, que puede no ser precisamente la pareja de la mujer.

Iré Elesse Obiní: Bienestar por una mujer, que puede no ser precisamente la pareja del hombre.

Iré Elesse Dedewantolókun: Bienestar que viene del otro lado del mar, muy despacio.

Iré Elesse Ashekunotá: Bienestar a través de recibir fundamento de santo, ya sea lavado o coronado.

Iré Elesse Ashegúnota: Bienestar a través del vencimiento de los obstáculos y problemas de la vida.

Iré Elesse Arubbo: Bienestar por medio de una persona de mayor de edad.

Iré Elesse Aráorun: Bienestar a través del más allá, puede ser deidades o muertos.

Iré Elesse Otonowá: Bienestar que viene del cielo.

Iré Elesse Abbure: Bienestar por parte de un hermano.

Iré Elesse Babatobi: Bienestar por parte del padre.

Iré Elesse Iyatobi: Bienestar por parte de la madre.

OSOGBO

Es un entorno negativo que tuvo, tiene o va a tener la persona que se consulta. Después que se saque qué tipo de osogbo es, hay que tener en cuenta que cuando sale uno en la consulta, se debe preguntar primero con quién habla ese osogbo, ya que puede no estar con el consultado.

Puede que sea con el que consulta (santero), alguna otra persona, o alguien cercano al consultado. Si esto es así, después de saber con quién habla ese osogbo, se procede a preguntar si el consultado está en Iré. Puede que se repita el mismo caso del osogbo, pero ahora sabemos que se habla directamente del consultado.

TIPOS Y CAMINOS DEL OSOGBO

Ikú: Es el término o fin de cosas o hechos de la persona; no necesariamente quiere decir la muerte de la persona que se consulta, ya que éste va determinado por el camino que tenga ese Ikú.

En estos casos, Ikú habla de muerte de la persona, como también habla del término de otras cosas o ciclos en la vida de la persona que se consulta. De esta manera (en el segundo ejemplo), el osogbo (Elesse Ogú) nos indica por dónde o por quién viene ese Ikú (fin), y la letra (8), la cual acompaña el Ikú, indica qué es lo que se está acabando.

Aro: Enfermedad que ya se encuentra en el cuerpo.

Arún: Enfermedad que está por venir (predecible).

Recuerda siempre que en este osogbo, como en el anterior y en todos los demás, hay que buscar quién lo proporciona. Ejemplos:

Aro Elesse Egun: Enfermedad que ocasiona un espíritu.

Arún Elesse Eleddá: Enfermedad que te proporcionarás, tú mismo.

Eyó: Discusión, desacuerdo, conflicto grave.

Ofó: Algo que se encuentra o pondrá mal de pronto, al igual que pérdida repentina de algún miembro de tu cuerpo: mano, vista, etcétera (se refiere más a cosas físicas).

Oná: Vicisitudes y problemas en primera posición.

Oná Elesse Ayé: Tropiezos en la vida del consultado. Golpes físicos en segunda posición.

Arún Elesse Oná: Enfermedad que vendrá por golpes recibidos.

Iña: Significa problemas y discusiones en primera posición.

Iña Elesse Okó: Problemas y discusiones ocasionados por un hombre. Significa brujería en segunda posición.

Arayé Elesse Iña: Brujerías que traen tropiezos y problemas, con seguridad velas, velones, tabacos, etcétera.

Tillá tillá: Conversaciones negativas, chismes.

Arayé: Problemas o disgustos.

Aradia: Combate físico entre dos o más personas, peleas, desacuerdos violentos.

Acobbá: Revolución que lo trastorna todo.

Fitivó: Muerte física. Se debe suspender la consulta y hacer ebbo de inmediato.

Ogú: Brujerías.

Oná Elesse Ogú: Brujerías que ocasiona problemas.

Acobbá: Destrucción por motivo desconocido.

Osha Kuaribó: El consultado no vibra con el santo y por lo tanto no puede buscar ni hacerse nada del mismo, invitándolo a que visite otro lugar con otro tipo de trabajos, y si el consultado está muy enfermo, sólo queda llevarlo a buen morir.

Akalakambuka: Brujería conga, de palo, de prenda Mayombe o de cazuela. El santo no quita este osogbo, y nada que no esté en su nivel. El consultado debe ir también con cosas de palo, rompimientos al pie de una prenda o cosas similares.

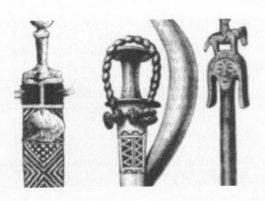

RECETAS

EBBOS

El ebbo consiste de hierbas especiales y la sangre de los animales sacrificados. Cada orisha tiene unas hierbas y animales que le gusta consumir y sólo estas cosas que disfruta el orisha son las que se deben sacrificar. La sangre y las hierbas se vierten sobre piedras rituales que representan a cada orisha y que contienen su esencia espiritual. Por eso la santería requiere de tiendas llamadas "botánicas" donde se venden las hierbas y otros objetos de la religión.

Hay tres tipos de sacrificios de animales:

1. Para limpiar de un mal o una maldición.
2. Para pedir al orisha su asistencia.
3. Para la ceremonia de iniciación en una de las órdenes de la santería.

Antes de que un ebbo pueda ser ofrecido se debe invocar el eggun o Elegguá, los cuales son los espíritus de los ancestros, ya sea de la persona o de la familia santera a la que pertenece.

Elegguá es el orisha que lleva la ofrenda a los otros orishas y por eso debe honrársele primero.

También se le ofrecen frutas a los orishas en dependencia de sus preferencias, como puede ser el plátano para Changó y la calabaza para Oshún, etcétera.

La vida cotidiana de un ser humano está llena de "sacrificios". Para obtener algo siempre se requeriría realizar alguno, ya que para recibir primero se ha de dar algo a cambio. Por ejemplo: si una persona necesita dinero, habrá de hacer una inversión; esa inversión será de un poco de dinero para lograr obtener más, o tal vez estudiará una carrera bien remunerable, pero le significaría dedicación y toma de tiempo que bien pudiera haber utilizado en una diversión u otra cosa.

Si una persona desea una casa tendrá que pagar una suma considerable, mucho más que uno que la renta; a su vez tendrá que velar por su cuidado y mantenimiento, pero al final tendrá una propiedad que en caso de emergencia le traería dividendos suficientes para satisfacer otras necesidades, en cambio, el otro caso no tendrá las preocupaciones del primero, pero habrá echado su dinero al basurero.

Sucede lo mismo en el caso de tener hijos o no. El que no los tenga no tendrá preocupaciones ni gastos adicionales, pero carecerá de amparo en su vejez, y el que sí los haya tenido sacrificará tiempo y dinero, pero al final disfrutará de un respaldo familiar.

Resumiendo: Para obtener hay que sacrificar, ya sea tiempo, dinero, salud, tranquilidad, etcétera.

Los hombres piensan que, para que las deidades o los espíritus los ayuden, es necesario el sacrificio. La acción de orar no era suficiente entre los yorubas ni en muchas otras tribus de África, sino que el acto de sacrificar un animal obliga a la deidad a cumplir con lo que se le pide. Piensan que las deidades o espíritus pueden influir en la vida de las personas para bien, pero también para mal; es por tal razón que no siempre hacen los sacrificios para conseguir algo, sino para evitar que fuerzas externas los perjudiquen.

En santería todas las ceremonias requieren de ebbos u ofrendas. Éstas pueden ser ofrecidas mediante animales, frutas o algún tipo de comida. La persona que las ofrecen tiene que conocer bien qué ofrenda pertenece a cada deidad. Cada vez que un creyente en santería hace una ofrenda, éste espera conseguir que se cumplan sus deseos, así como también avivar los poderes de sus deidades para conseguir su protección. Las ofrendas de comida y bebida que se le ponen a los espectros y a los dioses desde tiempos remotos son una manera de agradar y ganar los favores de las deidades.

El destino de una persona ya está dictado irrefutablemente, su ori tendrá que evadir o superar todos los obstáculos existentes. Aumentando o reduciendo los grados de consecuencias que le acompañan, podrá variar los lapsos de tiempo de triunfos o fracasos, y éstos últimos serían mitigados si tiene buen ori, a través de la conformidad que da la comprensión, el entendimiento y la sabiduría, o en caso contrario, llevará una vida de infelicidad y frustración.

A fin de lograr un ori, la culminación exitosa de su destino, éste no sólo deberá realizar los sacrificios a los que hacíamos referencia anteriormente, sino tendría a elección propia auxiliarse a través de los sacrificios a los llamados orishas y sus ancestros, así como también apoyarse en la obediencia a los tabúes o prohibiciones que ellos determinen. Los sacrificios religiosos en el idioma yoruba se denominan ebbo.

A modo de diferenciar los sacrificios rituales, éstos se definen en el término yoruba como ebbo y adimú. Ebbo son los sacrificios que incluyen animales, mientras que adimú son ofrendas adicionales a los primeros, aunque puede ir de manera única también, como simples ofrendas.

Existen diferentes clasificaciones de ebbos o sacrificios, algunas de las cuales son:

- Ebbo etutu: sacrificio propiciatorio de purificación a los fallecidos.
- Ebbo alafia: ofrendas de paz.
- Ebbo omisi: baños lustrales.
- Ebbo idamewa: ofrendas de diezmos o limosnas, también incluyen comidas y festines.
- Ebbo itasile: ofrendas de peticiones y libaciones ceremoniales a los orishas o eggun.
- Ebbo ope: ofrendas de gracias o agradecimiento que comprende toques de tambores, adimúses y festines.
- Ebbo oresisun o sisun: sacrificio al fuego. Comprende la destrucción del sacrificio a través del fuego, separando un estado pasado con una dimension futura mejor.
- Ebbo fifí: sacrificio a las olas. Situación parecida a la anterior con el elemento agua. Ebori; sacrificio a su ori.
- Ebbo eshe: sacrificio por pecado, o sea desobediencias.
- Ebbo eni: ebbo de estera.
- Ebbo ate, ebbo katerun o ebbo atepon: ebbo que realiza el awo de orúnmila.

El ebbo habitualmente irá compuesto de ewes, o sea hierbas, eranko o animales y otros objetos los cuales conformaran el sistema homeopático o de similitud de lo deseado.

Esto irá acompañado de rezos específicos cuya lograda variación oral originaran una energía que conformarán la alquimia para lograr trasformar el cómputo total de esas energías para lograr tal efecto.

En el momento de la realización del ebbo se mantendrán los 4 elementos: agua (omi tutu), fuego (itana-velas), tierra y aire. Éstos siempre estarán presentes en la naturaleza. En el ebbo entonces estarían definidos los tres reinos: vegetal (los ewes u hierbas), animal (aves y cuadrúpedos) y mineral (la piedra u ota).

El Odu de Ifa clasifica de forma general el uso de los ewes para las distintas situaciones. De esta forma veremos que:

- Las hierbas de tonalidades blancas o verde claro, así como de flores blancas, son para obtener beneficios monetarios.

- Las hierbas pegajosas o que se adhieren a la ropa o a la piel son para atracción y amarres.

- Las hierbas espinosas para vencimiento de dificultades y de los conflictos.

- Las plantas grandes, frondosas y que duran muchos años son para la salud.

En el caso de los sacrificios mayores, como por ejemplo kariosha o asentamiento del ángel tutelar en el ori de la persona, los ewes serán diversificados siguiendo la estructura de los 4 elementos. Hay ewe ina (fuego), urticantes, ewe oye (aire), plantas de tallo elevado o parasitas, ewe omi (de agua), ewe ile (terrestres), rastreras.

Los animales de forma general sustituyen a la vida humana (una vida por otra), independientemente que los mismos son utilizados según las facultades o virtudes que cada uno posee. Los más usuales para ebbo son:

Los gallos o akuko adiye: Para vencimiento y para que la mujer logre el matrimonio, pues el gallo representa al hombre. Es un ave de batalla persistente. La gallina o agbebo adiye se usa para el mismo caso anterior pero para los hombres, pues la gallina representa a la mujer.

Las palomas o eiyele: Para tener hijos, casa, dinero y matrimonio, dada la capacidad de éstas para reproducirse, aparearse o hacer sus nidos. Protección, dado que la paloma vuela por encima de muchos peligros.

El conejo o njoro: Para tener hijos, dada su capacidad reproductiva y por escapar de la muerte o la justicia gracias a su facultad de huir y esconderse de cualquier peligro.

El chivo u obuko, la chiva o ewure, el carnero o agbo, la carnera o agutan: Para salud, ya que sustituyen al ser humano.

La gallina de guinea o etu y la codorniz o aparo: Para problemas judiciales debido a la facilidad de ambas para escabullirse ante sus perseguidores.

El cerdo o elede: Reproducción, finanzas, desarrollo, prosperidad general, salud.

Pollito u oromodie: Para la apertura de orun, durante el nacimiento, las iniciaciones y los itutu.

El pato o pepeiye: Para neutralizar al enemigo, provocar el olvido y mantenerse alerta.

La babosa o igbin: Para pacificar, pues es el único animal que no es hostil con ningún otro; su movimiento lento da sensación de asentamiento, comodidad y tranquilidad.

La jicotea o ajapa: Larga vida, casa, hijos, seguridad, potencia viril, protección.

Pescado o eja: Para propiciaciones a ori, atraer eggun, ceremonias de rigor y reproducción.

Ahumado para adimú: Existen ciertos tipos de peces, como por ejemplo el eja oro, *mudfish* o *catfish*, que tienen una gran vitalidad y una capacidad de sobrevivencia —incluso a la falta de agua—, y el ejabo o pargo, que es el animal que comunica a ori con Olodumare.

El perro o aja: Sacrificios directos para fines de salud y vencimiento obteniendo el favor del orisha Oggún. Asentamiento de
este orisha.

La jutia o ekute: Asentamiento del orisha Elegguá, elaborados trabajos para gestación, pues al igual que el pez, éstas pa-
ren continuamente; justicia, etcétera.

El ratón o ekutele: Matrimonio, casa, dinero, gestación y he-
chizos de otros tipos.

Pavo real u okin: Sólo para reyes, gobierno, mando, control.

Venado o agbonrin: Gobernación, control, salud, justicia.

El caballo o eshin: Protección, dirección, comandancia, control.

Gato u ologbo: Protección y hechicerías malas.

Lagartos o agan o agemo: Protección, hechicerías malas,
etcétera.

Cocodrilo u oni: Protección general, salud. Fue el único animal a quien Shopona, el dios de la viruela, no pudo matar.

Cada orisha también tiene funciones específicas a desarro-
llar. A modo muy general, y como simple ejemplo, podemos
mencionar lo siguiente:

Eshu o Elegguá: Liberar los obstáculos, alcanzar metas, poder, liderazgo, dominar.

Oggún: Trabajo, guerras, unión, trabajo, protección, potencia viril, defensa, conquistas.

Ochosi: Situaciones de justicia. Obtener bienes, lograr objeti-
vos difíciles, etcétera.

Oshún, Yemayá, Oyá, Oba: Amores, gestación, salud femenina, dinero, unificación, etcétera.

Obaluwaye y Nana Buruku: Enfermedades, control de epidemias, etcétera.

Changó: Guerras, conflictos, justicia, comandancia, etcétera.

Aganju: Poder, fuerza, cambio, liderazgo, posición importante, etcétera.

Orisha-Oko: Desenvolvimiento, desarrollo, comercio, etcétera.

Orisha-Aje: Dinero, finanzas en general, etcétera.

Obatalá y Oduwa: Paz, tranquilidad, sanación, problemas mentales, estabilidad general.

Olokun: Desenvolvimiento material, comercio, transporte, etcétera.

Osanyin: Salud, defensa, hechicerías negativas y buenas.

Orúnmila: Control del destino, guía, etcétera.

Erinle y Abata: Salud, justicia.

Ibeji: Vencer obstaculos.

Oge: Tener casa, hijos.

Otros ingredientes en el ebbo

Productos agrícolas: ñames (ishu), boniato (kukunduku), plátanos (ogede), calabazas (elegede), maíz (agbado), caña de azúcar (Ireke), cocos (ogbon), nuez de cola roja (obi abata), kola blanca (obi afin), kola amarga (orogbo), frijoles (ere), peonia, atare o pimienta de guinea, oyin o miel de abejas.

El ñame y el boniato son muy utilizados por su capacidad de renacimiento con sólo un pedazo del tubérculo que quede debajo de la tierra.

El obi abata es comúnmente utilizado para congratular a los visitantes, asimismo es utilizado de forma inicial para preguntar al orisha o al ancestro si está satisfecho con el ebbo o el adimú que le será ofrecido.

Obatalá prefiere en este caso el obi afin, el cual es el kola blanco. En el caso de Changó se utiliza en vez del obi abata, el orogbo o kola amarga.

El atare o pimienta de guinea se utiliza para masticar conjuntamente con el obi kola, obi afin o el orogbo para darle fuerzas o poder a los rezos que se utilizarán.

La miel de abejas se utiliza para endulzar a la deidad, así como por sus características de ser incorruptible al tiempo y ser el producto de la constancia y la laboriosidad de las abejas.

Líquidos: agua (omi tuto), aceite de palma (epo), vino de palma (emu), ginebra (oti), manteca vegetal (ori) o cerveza de maíz (oti shekete).

El aceite de palma, o epo, es utilizado para suavizar o apaciguar a todos los orishas y ancestrales, menos a los orishas funfun. En este último caso se utiliza el ori.

Pieles, pelos, cráneos o huesos de diferentes partes de animales tales como orangután (inonki), mono (edun), armadillo (akika), lagarto (oga), elefante (erin), perro, gato, iguana, león (kiniun), hiena (ikoriko), tigre (ekun), caballos, reses, cocodrilo, manjuari, pantera (ekun dundun), serpientes (ejo), plumas de loro (odide), tinoza (gunugun) y otras aves; además otros como camarón (ide), langosta, macacos (okun akan), cobos (okun igbin), caracoles (dilogun), estrellas de mar (okun irawo), pulpo, erizos, arañas (alatankun), escorpiones (akeekee), cangrejo (akan), anguila eléctrica (eja ojiji), sapo (akere), etcétera.

Sólidos: Efun fue el primer condimento utilizado en vez de la sal. Se le adiciona a los ebbos dirigidos a los orishas funfun. El osun naburu es utilizado en el caso de apaciguar a las Iyami, Changó y otros orishas. Azúcar (iyobo funfun), sal (iyo).

Otros: Ropas, hilos, corales, sogas, frenos de caballo, narigones de bueyes, cadenas, telas de colores, clavos de línea o normales, aperos de labranzas en miniaturas, tierra cogida de diferentes posiciones, palos, semillas, muñecos de textil o madera, metales, arcos, flechas, agujas, trampas, ratoneras, etcétera.

DIFERENTES CLASES DE EBBOS

Ebbo Guonu quiere decir que llegué al otro mundo, es cuando se le da a una deidad de cualquier forma un animal de cuatro patas; a los tres días de haber hecho el sacrificio del animal, se hace Itá.

Un Itá no se puede hacer hasta los tres días a contar de la fecha en que se hizo el sacrificio, pues este primer día come y recibe el Alle, así como también el aire que esparce el fluido espiritual de ese ebbo por el espacio.

El Alle no llega a Ara Onú hasta que los híñales que se le ponen al orisha no se corrompan, de esta manera nuestros mayores del otro mundo están autorizando —por medio del ashé que poseen los Iworos— a indicar el camino y consejos a través del caracol del orisha respectivo sobre la persona que ha hecho el sacrificio. Por esto, no se debe hacer Itá ni antes ni después de los tres días, si esto es así, ya es un registro como cualquier otro, ya que ese ebbo no llegó a Ara Onú para que Olofi dicte sentencia sobre la persona.

Ebbo Yure o Chure, es cuando se le hace todo al momento, esto puede ser desde un pollo con sus ingredientes hasta animales de cuatro patas; marcado de esta forma, no se hace Itá, sólo terminado el sacrificio se le da coco al orisha respectivo para saber si recibe o no lo que se le dio. Pero no sólo tienen que ser animales, también pueden ser un tambor, frutas u otra alternativa. También se realizan con cosas crudas, tales como granos o raíces de plantas que se puedan reproducir cuando éste sea llevado a la naturaleza. El ebbo de los tres meses o cualquier ebbo que se haga al momento, es un ebbo Yure.

- Ebbo Fi, se hace con un poquito de lo que sea.

- Ebbo Da, lo que se está haciendo, o lo que se hizo, está bien o es para bien.

- Orubbo, sólo basta con rezar o hablarle al santo al cual se le ha mencionado este ebbo.

- Ebbo Kuedu, es una ofrenda que se hace con una cosa hoy, mañana con otra y así por varios días. Se debe marcar por cuántos días, al pie de qué santo se coloca y el lugar a donde debe ir una vez cumplido el tiempo.

- Ebbo Kere, al igual que el Ebbo Fi, se hace con una ofrenda pequeña puesta de inmediato con lo que se tiene al alcance: pan, maíz tostado, jutia, pescado ahumado, un huevo, etc., algo que sea comestible para el orisha.

- Ebbo Misi, es un baño con elementos de la naturaleza, como ewes de prodigiosa, verdolaga, granada, etc., una planta cualquiera que el orisha haya marcado. Debe hacerse en la casa del santero y delante del orisha que lo marcó para que recoja las vibraciones negativas, y nunca en la casa del consultado. Si el consultado viene Ikú Elesse Egun, se debe realizar con el espíritu y no con el orisha.

- Ebbo Ate o Ebbo de Estera, se colocan todos los elementos que marca el Odu en segunda posición y se reza.

- Ebbo Ori, es una rogación de cabeza; se hace generalmente con coco y agua, pero se puede hacer con otros elementos tales como frutas, pescados, panes, leche, etc. Se recomienda que los cocos que se van a utilizar en la rogación se coloquen un día antes en el orisha tutelar de cada quien, esto si se conoce.

- Ebbo Ejebale, es sangre al orisha, pero de la siguiente forma: se presenta el animal y se limpia la persona, se le da al orisha, pero cuando la sangre esté coagulando se le quita, se le sacan los acheses que luego se cocinan y se le ponen al mismo. La coagulación de la sangre es signo de muerte.

El repertorio de ebbo es interminable. Se extienden del más simple (un obsequio de amor pequeño de fruta o bebida para un orisha), al más costoso y difícil para emplear (exigiendo la muerte por el fuego de toros y caballos).

Los orishas necesitan comida y sangre. El derramamiento de sangre incrementa sus energías y los mantiene actualizados, potentes, eficientes y satisfechos con sus fieles. Por turno, los orishas renuevan la fuerza y la vitalidad a la persona que hace —y a quienes participan de—, un sacrificio de sangre.

ALIMENTOS PREFERIDOS DE CADA DEIDAD, PARA EBBO O SÓLO COMO ADIMÚ

Ori: Pargo, chivo, carnero, gallo, gallinas, pollitos, palomas, obi abata, epo, azúcar, cocos, miel, pan, babosas, tortuga, guinea, codornices, aguardiente, dulces, frutas, viandas salcochadas, ñame, ori, leche, etcétera.

Los tabúes para Ori están en relación a las prohibiciones de Ita de la persona en particular y son diferentes para cada individuo.

Eshu: Chivo, gallo, pollitos, pato, pescado, jutias, ratones, tortugas, babosas, guanajos, viandas dulces, aguardientes, epo, caramelos (ipanu omode), obi abata, orogbo, tabaco, etcétera.

Tabú: Palomas, guineas, el aceite de adin (a pesar de la paloma y la guinea ser tabú, Eshu las toma con ceremonias especiales), el perro, ají picante rojo, las hojas de ewuro (bitter leaves), cebolla (olubosa), tiñoza.

Oggún y Ochosi: Chivo, carnero, gallo, guineas, palomas, venado, codornices, pájaros, perro, tortugas, babosas, orogbo, mani, ñame asado (esun ishu), frijoles fritos (ewa yinyan), viandas, frutas, carnes, epo, obi abata, bebidas alcohólicas en general, etcétera.

Tabú: el aceite adin y la serpiente.

Oshún: Gallo, gallinas, palomas, guineas, gallos, ori, epo, obi abata, obi afin, orogbo, aguardiente, miel, frutas, viandas, etcétera.

Tabú: Chivo y el aceite de adin.

Obatalá y Oddudúa: Chiva, carnero blanco (para algunos orishas funfun solamente), codornices, tortugas, pescado, palomas, conejos, liebres, gallos y gallinas blancas, guineas albinas, maíz salcochado y macerado (Egbo o ewo), obi ifin, leche, babosas, ñame salcochado, sopa de semillas de calabaza (egunsi), ori, efun, frutas blancas, leche, manteca de cacao, la cal o efun, huevos, almendras y todo tipo de alimentos sin sal blandos y blancos (ounje ate).

Son tabú: El aceite adin, el vino de palma, bebidas alcohólicas en general, el perro, la sal, el ñame asado (esun ishu), el exceso de luz, la hierba mora.

Iyansan u Oyá: Chiva, gallinas, guineas, codornices, palomas, maíz salcochado y macerado (egbo o ewo), frutas, viandas, berenjenas, obi abata, orogbo, epo, osun, etcétera.

Tiene como tabú: El carnero, el humo y el aceite adin.

Changó: Toro, carnero, gallo, gallina, guineas, pescado, codornices, tortugas, harina de maíz (eko), harina de ñame hervida con quimbombó (aila amala), plátanos, calabazas, orogbo o kola amarga, vino de palma (emu ope), ginebra (oti), frutas, viandas, epo, osun.

Aganyu: Chivo, gallo, guinea, palomas, pescado, codornices, tortugas, frutas, viandas, epo.

Tabú: aceite de adin.

Yemayá: Carnero, pescado (principalmente el pez torito), tortugas, patos, codornices, cisne, gansos, palomas, guineas, gallos, osun, frutas, dulces, viandas, obi abata, miel, melado de caña, etcétera.

Tabú: aceite de adin y algunos avatares no comen pato, la hierba olusesaju (anamu).

Oshún: Chivo capado, guineas, gallinas (principalmente adi-ye agada, o sea amarrada por las patas), pescados, palomas, gansos, codornices, faisán, pavo real, venado, viandas, frutas, panal de abejas y miel, harina de maiz hervida (eko), lechuga silvestre, oti shekete (cerveza de maíz), obi abata, camarones, etcétera.

Tabú: huevos sin elaborar, el millo (oka baba), eku emo (jutia) y el aceite de adin y el efo odu (tipo de vegetal).

Orisha-Aje: palomas blancas, ñame salcochado o macerado solamente, miel, aguardiente, orogbo, obi abata, etcétera.

Tabú: La sangre en general, el aceite de adin.

Erinle: Perro, chiva, pargo, gallo, palomas, ñame macerado, naranjas, frutas en general, viandas, miel, obi abata, epo, etcé-tera.

Tabú: La carne de elefante, el álamo y el aceite adin.

Ibeji: Gallinas, pollos, gallos, palomas, codornices, chivo, frijo-les cocinados (ewa), caramelos (ipanu omode), frutas, dulces, epo, ori, etcétera.

Tabú: Los animales que se trepan a los árboles, como por ejemplo los monos, y el aceite adin.

Ozaín: Chivo, gallos, gallinas grifas, pájaros, guineas, palo-mas, codornices, tortugas, perro, gato, pato, frutas, viandas, epo, orogbo, obi abata, bebidas alcohólicas, etcétera.

Tabú: las babosas, el aceite de adin.

Obbá: Chiva señorita (se le corta una oreja), pollonas blancas, palomas blancas, guineas, frutas, viandas, ori, obi abata, miel, etcétera.

Tabú: aceite de adin y animales que no sean célibes.

Olokun: Carnero, toro, vaca, carnera, gansos, patos, pescado, frijoles, viandas, frutas, epo, obi abata, orogbo, gallos, tortugas de todo tipo, gallinas, palomas, guineas, melado de caña, bebidas alcohólicas, etcétera.

Tabú: Aceite de adin.

Nana buruku: Chiva, gansas, gallinas, guineas, palomas, codornices, frutas, viandas, epo, miel, harina de maíz, frijoles, obi abata, orogbo, etcétera.

Tabú: Aceite de adin y cuchillo metálico.

Orisha-Oko: Carnero, chivo, pescado, frutas, viandas, legumbres, epo, ori, obi abata, frijoles de todos los tipos, en fin, todo lo que produce en la tierra.

Tabú: Aceite de adin.

Orúnmila: Chiva, gallinas, jutia (eku), babosas, vaca (erinla), venado, *catfish* (vivo y ahumado), pargo, camarones, atare, ekuru (torta de frijoles), ñame, frutas, miel, orogbo, obi abata y afin, harina de maíz (amala), epo, bebidas alcohólicas, etcétera.

Tabú: La cabeza y la cola de la jutia, los huevos, el aceite de adin, gallo, langosta.

Ancestros o Eggún: carnero, carnera, gallos, gallinas, palomas, codornices, guineas, tortugas, pescado, epo, miel, bebidas alcohólicas, café, tabaco, frutas, viandas elaboradas, obi abata, etcétera.

OTRAS RECETAS DE ADIMÚ

Amulaye: Ñame molido fresco con sal, envueltos en hojas de plátano y hervido.

Fufu: Plátano verde salcochado.

Ekuru: Tamal envuelto en hojas de plátano hechos a base de frijol de carita molido con sazón, pero sin sal.

Ekuru aro: Igual al anterior, pero el frijol de carita molido sin cascaras, con sazón y sal.

Olele: Igual al anterior pero se le agrega bastante bijol.

Kapata: Frituras de maíz tierno.

Akara: Frituras de frijol de caritas.

Yarin: Sopa de vegetales con camarones.

Pono: Cesta de panes rociados con azúcar.

Nusunu: Ajiaco

Guruguru: Tamal con maíz tostado molido con pimienta y sal, cocinado a vapor envuelto en hojas de plátanos.

Warakosi: Queso en cualquier forma.

Oti shekete: Maíz tierno, naranja agria, melado y azúcar prieta; se fermenta y se cocina.

Maíz finado: Maíz tierno fermentado en cenizas durante la noche. Al otro día se le cambia el agua y se pone a hervir, una vez salcochado se le saca el corazón y la cáscara, se fríe con cebolla y manteca, cuando se pone se le agrega frijol de carita salcochado.

Saraeko: Maíz tierno, leche, aguardiente, miel, azúcar, siempre viva picadita, ori, efun.

Necesariamente un adimú al orisha o ancestro no debe ser hecho sólo a la usanza antigua del pueblo yoruba, pues los tiempos cambian. Las comidas han variado e Ifa se ha extendido por el mundo, por lo que las mismas pueden ser sustituidas por las comidas típicas de la región donde se esté realizando el culto.

Para realizar cualquier sacrificio se necesitará de:

1. Una yerba específica según la problemática del individuo. Cada ewe lleva un rezo o canto a modo de realizar

el encantamiento óptimo dándole el poder mágico completo.

2. Un animal adecuado cuya espiritualidad sea acorde a la situación.

3. Los elementos de mímica o imaginativos que concordarían en su semejanza al problema dado.

4. Un orisha o ancestro que lo apoye y que concuerde con la acción a tomar.

5. Todo esto estará explícitamente contenido en el Odu que sea lanzado para la persona y en el mismo estará la elaboración del sacrificio. No es aconsejable adaptar obras o ebbos que se realizan en otros Odun.

En el caso del ebbo ate, o sea el ebbo que realiza el babalawo en su tablero con el iyerosun, el cual se impregnará con la energía emanada de los rezos de los Odun (no se utilizan los mismos rezos de los signos, cada signo tiene variantes según el caso), adecuados para cada situación que, de hecho, son diferentes para cada ocasión.

Nota que el giro se hace a la inversa de las manecillas del reloj, o sea el tiempo será atrasado ya que si hoy estamos enfermos, o tenemos problemas, ayer ese problema no existía y se trata de trasladar en el tiempo el destino del individuo.

Por tanto se deben de tener algunos detalles de diferenciación a la hora de efectuar un ebbo, ya que el ebbo de un Odun Iré no se realiza igual que un ebbo de un Odu Osobu o en Ayeo, pues los resultados serían a la inversa si se realizan iguales (esos detalles por supuesto son secretos y no deben ponerse aquí).

Siempre después de terminar los sacrificios de animales, a las deidades se les ofrece agua y miel, cubriéndose después con las plumas del pecho del animal, las cuales harán el efecto de cubrir y proteger al animal, así el orisha nos protegerá de todo mal.

Después del ebbo las vísceras de todos los animales deben ser elaboradas de forma especial y secreta para congratular a las llamadas Iyami, a fin de que separen de la persona los llamados Ayeos u Osobu, ya que las Iyami son las que comandan esas entidades malévolas.

Se ha de señalar que en todos los casos donde se realice ebbo, siempre habrá de tocar con sangre del animal el centro de la cabeza del cliente o devoto, para que Ori reciba la testificación del sacrificio que se está realizando y tenga en realidad el efecto esperado.

Siempre el ebbo se llevará a cabo al pie de orisha Eshu para que conozca del sacrificio invocándolo: "Eshu awa ire tete". También anteriormente se invocará Okonran sa birari, quien es el amigo comilón de Eshu. Si no se menciona, el ebbo no funcionará.

Todo ebbo llevará una suma de dinero, por supuesto considerable a la posición, necesidad y el deseo de cada individuo, y éste será señalado por el propio orisha y no a capricho personal del adivino.

EL TABACO (EL PURO)

El tabaco es un elemento fundamental dentro de la santería (y también en todas las religiones afroamericanas), usado como depurativo mientras se invoca a los muertos (moyugbación). Mientras se realizan trabajos santorales (dar elekes, Elegguá, guerreros, santo), el tabaco siempre estará presente en la boca de muchos santeros junto con el ron. Indispensable para ofrendas a Elegguá, Oggún y Ochosi, tanto soplado como ofrecido.

A Elegguá, orisha que abre o cierra las puertas a la suerte o a la desgracia, nunca le puede faltar el tabaco, elemento primordial de sus ofrendas.

Forma de preparar el tabaco

Se necesita:

- 21 clavos de especies
- 7 ramas de canela
- Una cucharada de mirra
- Una cucharada de estoraque
- Una cucharada de incienso
- Una cucharada de almizcle en polvo
- Una cucharada de miel de Inglaterra
- Colonia
- Agua de Pompeya
- Vino dulce
- Una pirámide roja

Se prepara:

Tomaremos una botella de cristal transparente, y tras llenar la mitad con vino seco, iremos añadiendo todos los demás ingredientes.

Durante tres días y tres noches deberá permanecer fuera de la casa y bajo la pirámide para que se cargue con energías positivas. Conviene estar atentos a las lunas y hacerlo en Luna creciente.

Con este preparado te untarás el tabaco cuando vayas a hacer a través de él un trabajo.

Oración y trabajo para amarrar a través del tabaco

Tras haber untado ligeramente el tabaco con el preparado anterior, lo encenderemos y a continuación diremos:

"Ofrezco los humos de este tabaco a los cinco sentidos, juicio, pensamiento y voluntad de (nombre de la persona que se quiera amarrar).

"Invoco por los cuatro vientos para que donde quiera que estés... vengas desesperado hacia mí, humilde y manso, como llegó Jesús a los pies de Pilatos.

"Invoco a San Marcos de León para que lo amanse de pies, manos y corazón, así como él amansó al león.

"Yo te conjuro... desde la cabeza a los pies, vena por vena, nervio por nervio. Conjurándote te hago mío, no podrás con persona alguna y si fueras a estar, tus fuerzas... te han de faltar y sólo conmigo podrás estar.

"Cristo Paz, Paz, Cristo".

ORACIÓN Y CONJURO PARA VENCER A TRAVÉS DEL TABACO

Para realizar este conjuro es necesario además de los humos del tabaco, velas. Dependiendo cuál es el propósito variará el color de las velas:

- Contra envidia / mal de ojo: negro.
- Amarre: rojo, rojo y negro.
- Devolver dinero: amarillo, rojo y negro.
- Ganar batalla: rojo y blanco.

"Hombre bravo pon tu cara contra el suelo, que antes de nacer tú, nació el Hijo de Dios, hambre tuve y pan me dio Jesús mío.

"Señor San Marcos de León, mi fe en ti me hace creer que yo con este conjuro debo de vencer a.... y me conceda lo que le pido.

"Y que... me lo dé, que lo llame y me atienda.

"Paz, Cristo, Paz".

Con el pie derecho zapatearemos 3 veces diciendo: "¡Paz, Paz, Paz!"

Oración y conjuro para protección
a través del tabaco

Mientras untamos el tabaco con el preparado diremos la siguiente oración tras la cual encenderemos el tabaco.

"En el nombre del Padre, del Hijo y del Espíritu Santo, yo (decir tu nombre) pido permiso para trabajar en esta hora, facultad para trabajar en este momento por vías espirituales para conjurar este tabaco y despojar de todo fluido malo y mala influencia mi persona, mi casa (mi negocio, mi relación amorosa...)

"Asimismo, que se elimine o voltee cualquier trabajo material o espiritual que me hayan hecho o estén haciéndome.

"En el nombre de María Lionza, de las 45 Potencias norteamericanas, de las 36 Cortes inglesas, de las 7 Potencias africanas, Corte Celestial, Corte Vikinga, Corte India, Corte Changó, Corte Macumba, Corte Negra, Espíritu de la Luz...

"Al Padre Eterno que todo lo puede y que todo lo vence, me ayude a vencer todos los obstáculos y a todos mis enemigos así espero por gracia.

"¡Oh, Señor, dame protección!, por los siglos de los siglos. Amén".

Oración y conjuro para la suerte
a través del tabaco

"En el nombre del gran Poder de Dios, Padre, Hijo y Espíritu Santo... yo (decir tu nombre) ofrezco el humo de este tabaco al Padre Eterno para que me dé fuerza y poder para vencer los obstáculos y a mis enemigos.

"A Nuestra Señora de la Luz para que me ponga un manto de luz en mi camino.

"A los Hermanos de la Mansión Blanca para que me pongan blanco y puro.

"A los Hermanos de la Luz para que siempre me acompañen.

"Al sabio Salomón para que me dé sabiduría.

"Al Santo Cristo de Limpias para que limpie mi cuerpo de cualquier mal fluido y limpie mi casa (negocio, relación amorosa...) de malas influencias.

"A Santa Clara para que me aclare los caminos y negocios de (el nombre de la persona que queramos encomendar).

"A mi Espíritu Protector para que me proteja.

"A don Juan de la capa roja, a don Juan de la capa azul, a don Juan de la capa amarilla, a don Juan de la capa blanca para que me protejan con sus capas y me acompañen.

"Ofrezco el humo de este tabaco a don Juan del triunfo para que me ayude a triunfar en todo lo que emprenda.

"A don Juan del éxito y de la prosperidad para que me dé éxito y prosperidad.

"A don Juan del amor para que haga que tenga mucho amor.

"Ofrezco el humo de este tabaco a don Juan del dinero para que me dé mucho dinero, plata para gastar, cobre para repartir y oro para mi tesoro.

"Ofrezco el humo de este tabaco A Santa Clara, San Expedito, San Benito, a las Espadas de San Miguel y Santa Bárbara para que corten los obstáculos que se presenten en mi camino.

"Así sea. Amén".

Recetas   123

Obras

Ebbos para la cabeza

Refrescar a la cabeza (Eleda):

Ingredientes:

- Agua de río o agua de lluvia
- Agua de coco
- Manteca de Corojo
- Agua de arroz
- Frutas blancas como: piñas, peras.

Mezcla todos los ingredientes juntos y lava tu cabeza tan a menudo como quieras. Esto es especialmente recomendado para la depresión y preocupación.

Reforzar la cabeza (Eleda):

Ingredientes:

- Cuatro pares de palomas blancas
- Cascarilla
- Dos cocos
- Manteca de cocoa
- Pescado ahumado
- Granos de maíz
- Algodón
- Tela blanca

Corta las cabezas de la paloma y permite que la sangre gotee en la cabeza del peticionario. Una carne de coco, la mantequilla de cocoa, pescado, maíz y pimiento en una masa. Invoca los orishas. Cubre la cabeza del peticionario con la masa y el algodón, y envuelve en la tela blanca.

Las palomas son cocinadas en una olla y solamente el peticionario puede comerlas. Durante tres días, el peticionario llevará la mezcla y el turbante.

PARA PENSAR CLARAMENTE

Ingredientes:

- Algodón
- Cascarilla
- Manteca de cocoa
- Ralladura de coco
- Ralladura de ñame
- Un coco
- Agua
- Un paño blanco

Si sientes que no estás pensando con la claridad acostumbrada, haz una pasta con el ñame y el coco rallado. Mezcla el resto de los ingredientes y remoja el resultado en el algodón. Envuelve el algodón empapado en la tela blanca.

Acuéstate y pon el paquete sobre tu frente. Cierra tus ojos por una hora. Conserva la mezcla húmeda salpicándote con el agua de coco.

PARA VER TU ORISHA O ELEDA

Apoya un espejo sobre el piso de una habitación muy silenciosa y oscura. Enciende una vela. Siéntate sobre el piso frente del espejo. Observa el espejo durante tres horas y verás tu orisha, tu eleda y tus vidas anteriores.

EBBOS PARA HACER UNA PETICIÓN A LOS ORISHAS

A YEMAYÁ

Ingredientes:

- Agua
- Tintura índigo
- Una vela

Llena un tarro pequeño con el agua. Tiñe el agua con índigo hasta ver un color azul. Pon una vela sobre un plato pequeño y haz flotar el plato sobre el agua. Haz una petición a Yemayá cuando enciendas la vela. La vela debe quemarse durante siete o catorce días.

A OSHÚN

Ingredientes:

- Una jícara grande
- Cinco huevos
- Miel
- Aceite de cocina
- Azúcar morena
- Mechas de algodón

Haz agujeros pequeños en los cinco huevos y ponlos dentro del jícaro. Llena los huevos con aceite, una gota de miel y una pizca de azúcar morena. Pon una mecha en cada huevo.

Enciende las mechas cuando hagas una petición a Oshún. Las lámparas de huevo deben quemarse durante cinco días. Al final del quinto día toma el jícaro y los huevos agotados y deshazte de ellos en un río.

EBBOS PARA RETIRAR LAS MALDICIONES Y LAS MALAS INFLUENCIAS

PARA QUITAR LA INFLUENCIA DE UN ENEMIGO

Ingredientes:

- Seis manzanas rojas
- Un paño rojo
- Hojas de plátano
- Un gallo rojo
- Seis pañuelos rojos

Ve al pie de una palmera. Quítate toda la ropa. Frótate con el pañuelo tu cuerpo y extiéndelo en el suelo.

Toma el gallo y córtale la cabeza; deja su sangre gotear sobre el pañuelo rojo. Añade las plumas del gallo a la pila y haz un manojo. Entierra el manojo en la base del árbol.

PARA RETIRAR LA INFLUENCIA DEL MAL DE OJO DE UN NIÑO

Ingredientes:

- Albahaca dulce
- Agua bendita
- Un pañuelo blanco

Si sospechas que un niño está enfermo debido al mal de ojo de alguien, reza sobre el niño preguntando por la intervención de su orisha, Yemayá.

Humedece un ramito de albahaca dulce en el agua bendita y haz cruces sobre la cabeza, pecho, estómago, piernas y manos del niño. Cuando hayas terminado, envuelve la albahaca dulce en el pañuelo blanco y deshazte de él fuera la casa.

Para quitar el mal de ojo de un vecino

Amarra con una cinta roja un racimo grande de plátanos. Cuélgalos del techo de tu casa hasta que se pudran. Absorberán la envidia de tu vecino.

Para saber de un enemigo oculto

Ingredientes:

- Una vela blanca
- Un vaso de vino blanco
- Agua
- Aceite de coco
- Manteca de corojo

Entra en una habitación muy silenciosa. Coloca el vaso con la mitad de vino blanco en suelo, agrega el aceite de coco y la manteca de corojo. Pon la vela dentro el vaso y enciéndela, concéntrate en el vaso invocando a tu orisha protector, cierra los ojos y en tus visiones se revelará tu enemigo.

Para prevenir el mal

Ingredientes:

- Aceite de cocina
- Cinco huevos
- Canela
- Un plato blanco hondo

Llena el plato con aceite de cocina. Haz flotar los cinco huevos sobre el aceite. Salpícalos generosamente con canela. Inserta una mecha de algodón en el aceite y quema la lámpara durante cinco días.

Para limpiarse uno mismo

Ingredientes:

- Girasoles
- Rosas amarillas
- Rosas blancas
- Rosas rojas
- Colonia de Pompeya
- Agua violeta
- Aceite de menta
- Aceite de coco
- Manzanilla
- Agua bendita
- Agua de rosa
- Hojas de menta

Pon cinco girasoles en un recipiente grande. Añade cinco gotas de agua de rosas, una pequeña botella de colonia, agua de violeta, cinco gotas de aceite de menta y cinco gotas de aceite de coco.

Añade agua de rosa, cinco puñados de manzanilla, cinco puñados de hojas de menta y cinco gotas de agua bendita.

Vierte aproximadamente cinco litros de agua. Deja la mezcla estar en remojo 24 horas.

Báñate con la mezcla antes de acostarte. No te seques con nada.

Para prevenir el chisme y la calumnia

Ingredientes:

- Raíz de jengibre

- Un caracol de cauri
- Un pollito joven
- Un gallo rojo
- Piel de cabra

Sacrifica el pollito y el gallo y deja su sangre fluir sobre la raíz de jengibre y el caracol. Haz una bolsa pequeña con la piel de cabra.

Pon la raíz y la concha dentro, todavía mojada con sangre. Añade la lengua del gallo. Cierra la bolsa y llévala cerca de tu cuerpo.

Para prevenir los problemas
con la ley

Pon un conejo blanco y una paloma blanca juntos en una jaula cómoda. Aliméntalos bien todos los días y sopla agua de coco sobre sus cabezas.

Un día antes del juicio, suelta los animales en el campo. Diles que tú los alimentaste para darles su libertad, así que también debes obtener la tuya.

Ebbos para la suerte

Para tener buena suerte

Deja golosinas y monedas en las esquinas de tu casa. Haz lo mismo en esquinas y en encrucijadas cercanas a tu hogar. Harás a Elegguá feliz y te tratará con favoritismo.

Para gozar de buena suerte

Lleva ornamentos de coral.

Para atraer la suerte

Lleva el diente de un caimán alrededor de tu cuello, y jamás vayas cerca del océano o de un río con él, pues perderá sus poderes.

Para llamar la buena suerte

Ingredientes:

- Una manzana roja
- Cinco rosas amarillas
- Una rosa roja
- Una rosa blanca
- Siete hojas de lechuga
- Un vaso de leche
- Miel
- Abre camino
- Menta salvaje
- Ramas de canela
- Caléndulas
- Colonia de agua de Florida
- Colonia
- Aceite de almendra
- Aceite de Pachuli
- Sales de baño
- Una vela roja

Mezcla la manzana, las flores, la lechuga, la leche, la miel, siete hojas de abre camino, siete hojas de menta, siete ramas de canela, y siete caléndulas hasta que quede un líquido suave y grueso. Añade una pequeña botella de agua de Florida, una pequeña botella de colonia, y siete gotas de cada uno de los aceites esenciales.

Llena la tina con el agua caliente y vierte la mezcla. Añade las sales de baño. Enciende la vela roja y relájate en el baño.

Repite durante siete días consecutivos.

Ebbos para dinero

Para causar la prosperidad

Ingredientes:

- Cáscara de naranja
- Hojas deshidratadas de naranja
- Azúcar morena
- Una olla de hierro

Pon los ingredientes en la olla y quémalos. Apaga el fuego y deja la mezcla arder sin llama hasta que queme humo en exceso. Brinda el incienso a Oshún y di:

Oshun oguao mi inle oshun igua iya mio igua iko bo si iya mi guasi iya mi omo y alorde oguo mi inle ashe oshun.

Pide a Oshún respetuosamente en su propia lengua el dinero y la prosperidad económica que necesitas.

Para que te paguen lo que te deben

Ingredientes:

- Tres agujas
- Miel de abeja
- Esencia de rosa
- Una vela

Escribe el nombre del deudor sobre una pieza de papel. Perfora el papel con las agujas. Ponlo en un vaso que contenga partes iguales de de miel y esencia de rosas.

Coloca el vaso frente a tu Elegguá. Enciende la vela entre el vaso y el Elegguá y haz la petición de pago de tu deuda.

Si la recibes debes hacerle un sacrificio.

PARA ATRAER DINERO

Ingredientes:

- Flores de tabaco
- Miel
- Perfume de Pompeya
- Colonia 1800
- Dulce de menta
- Rosas blancas

Vierte las dos botellas de perfume en una botella grande. Añade siete flores de tabaco y siete rosas. Mezcla con la miel y el dulce de menta.

Vierte un poco de la mezcla en tu baño todos los días durante siete días. Si tu suerte es muy mala, hazlo durante 21 días.

PARA ATRAER DINERO

Ingredientes:

- Tres rosas amarillas
- El agua de tres cocos
- Colonia de agua de Florida
- Fruta de coco
- Vino seco

- Palos de canela
- Albahaca dulce
- Cáscara de calabaza

Llena un recipiente grande con las rosas, el agua de coco, una botella grande del agua de Florida, tres pequeños trozos de coco, una vaso de vino seco, tres palos de canela, tres puñados grandes de albahaca dulce y cinco piezas de cáscara de calabaza.

Añade aproximadamente cinco litros de agua. Báñate con la mezcla durante tres días consecutivos.

Pasa por alto tres días y luego báñate con él durante cinco días consecutivos.

EBBOS PARA PURIFICAR TU CASA O EMPRESA

PARA PURIFICAR TU CASA DESPUÉS DE INSTALARTE

Ingredientes:

- Albahaca dulce seca
- Hojas de eucalipto deshidratadas
- Mirra

Si acabas de mudarte a una casa y sientes las vibraciones extrañas o las entidades, prepara, en partes iguales, albahaca y eucalipto. Añade un poco de mirra.

Quema la mezcla y pasa el humo por toda la casa, cerrando antes las puertas y ventanas.

Sal de tu casa y deja el humo por algunas horas; cuando regreses ventila y todas las influencias negativas habrán desaparecido.

Para retirar las influencias malvadas de tu casa

Ingredientes:

- Un coco
- Cascarilla

Blanquea el coco con la cascarilla. Ve a la habitación más lejana de la puerta principal. Pon el coco sobre el piso y patéalo de habitación a habitación hasta que llegues a la puerta principal.

Da una buena patada al coco hacia afuera de la puerta principal. Lleva a cabo este ebbo siempre que tu casa se sienta "incómoda".

Para conquistar a un(a) amante

Masca una ramita de Jamaica; déjala dentro de tu boca mientras hablas a la persona a quien estás tratando de seducir.

Esto también se puede emplear en una reunión de trabajo o de negocios.

Para resolver los problemas románticos

Ingredientes:

- Perejil
- Miel
- Ramas de canela
- Maíz seco

Mezcla todos los ingredientes, reservando un ramito de perejil. Pon la mezcla en un lugar alto en tu casa.

Cada vez que hables con la persona que quieres, debes tener el ramito de perejil contigo.

Para suerte

Ingredientes:

- Tela blanca
- Tres ajos
- Hierbabuena
- Perejil

Hazte una bolsa con la tela blanca y coloca los tres ajos, la hierbabuena y el perejil. Lleva la bolsa a la pila del agua bendita de siete iglesias y mójala rezando la siguiente oración: "Líbrame de mis enemigos y de todos los que quieren hacerme daño, dame salud y suerte".

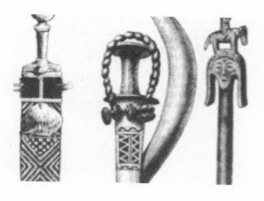

MITOS

Entre los practicantes de santería, el mito está presente en cualquier rito, ceremonia e incluso en la adivinación. Su función es la de revelar modelos para así dar un significado a la creación del mundo y a la existencia humana.

Estos mitos fueron revelados por un antepasado con el deseo de poder explicar a las futuras generaciones cómo eran los dioses al principio de la creación y cómo surge la humanidad. En los mitos de los yorubas se revelan las historias y hazañas de las deidades cuando habitaban en la Tierra con los demás seres humanos. Es mediante el mito que se pueden conocer muchas de las creencias y costumbres del pueblo yoruba, las cuales en su gran mayoría han sido conservadas por los creyentes del Nuevo Mundo por vía oral.

El creyente para estar en contacto con sus deidades y para sentirse cerca de su religiosidad sagrada, imita lo que los dioses hicieron en el principio de los tiempos. Es también por medio del mito que los creyentes pueden conocer los gustos, deseos y prohibiciones de sus deidades, para así poder complacer a sus dioses gustosamente y a cambio recibir las bendiciones y el ashé que éstos les brindan.

Los mitos o appatakies de los yorubas fundamentan y justifican el comportamiento de sus creyentes en África y en el Nuevo Mundo, pues es también mediante el mito que éstos recurren a explicaciones relacionadas con sus costumbres, prohibiciones y las normas de su pueblo, convirtiéndose el mito en ley de vida.

En los mitos yorubas se refleja toda la historia de su pueblo y de sus deidades; se encuentran los secretos de las ceremonias y de los objetos sagrados, pero a estos mitos no se accede tan fácilmente. Solamente el iniciado los conoce muy bien, ya que se han conservado durante años por vía oral. El iniciado conoce los mitos, porque sus padrinos se los han ido enseñando durante el proceso de iniciación por el cual tienen que pasar.

DEL POR QUÉ OCHOSI SIEMPRE PIDE OFRENDAS DE VENADO

A Ochosi, deidad de la caza, se le representa con un arco, una flecha, un perro que lo acompaña y un tarro de venado, su comida favorita. En una hermosa leyenda, que nos recuerda algunas de otros continentes donde una cierva encantada se transforma en bella mujer, Ochosi persigue a un hermoso aguaní (venado) que se transformó en una doncella al despojarse de la piel.

Ochosi la esperó; al regresar al claro del bosque donde ocurría su metamorfosis, la muchacha le rogó no revelar su secreto, y a cambio de su silencio, se convertiría en su esposa. Ochosi corrió a advertirle a su primera mujer que debía ser amable con su nueva esposa porque podía convertirse en venado.

La doncella, herida por la indiscreción de Ochosi, escapó de la casa con su piel y el pobre cazador, enamorado y abandonado a causa de su imprudencia, siempre pide ofrendas de venado en recuerdo de su amada.

La maldición que convirtió al pueblo yoruba en esclavo

En Oyó, reinaba el Alafin Aole, principal Obbá, rey de reyes de los yoruba. Era déspota y cruel; el pueblo soportaba en silencio, pero el ejército, los ministros y funcionarios de la corte acordaron mandarle una cesta llena de ojos de pájaros, símbolo del rechazo colectivo.

Este presente significaba que el rey debía poner fin a su vida. Aole acató la tradición, pero antes de suicidarse lanzó una maldición sobre su pueblo. "Desde la explanada frente a su palacio, disparó tres flechas: una al sur, otra al oeste y otra al norte y gritó: 'Mi maldición caerá sobre sus cabezas por su deslealtad que sus descendientes pagarán. Sus hijos serán llevados como esclavos en todos los sentidos en que disparé mis flechas. ¡Mi maldición los perseguirá hasta más allá del mar! ¡Sus esclavos gobernarán sobre ustedes y ustedes se volverán esclavos!'"

Luego rompió un plato de barro, ruptura que simboliza la irreversibilidad del destino, y dijo: "¡Una calabaza rota quizás pueda pegarse, pero un plato no! ¡Así será de irrevocable mi maldición!". Este dramático patakí nos da una lección mítica del fin del poderío de los yoruba y del trágico destino de este pueblo que en grandes masas fue vendido como esclavos en los mercados de América, principalmente desde fines del siglo XVIII.

Yemayá salva a su hermana Oshún

Yemayá sentía un inmenso amor por su hermana Oshún, según nos muestra una leyenda en que Oshún, la bella entre las bellas, era una reina muy rica que presumía de su espléndida figura, de sus joyas, de sus ricos vestidos y de su sedosa y larga cabellera.

Pasaba largas horas mirándose al espejo o viendo reflejado su rostro en las claras aguas del río que lleva su nombre, mientras se peinaba y volvía a peinar los largos cabellos que eran su orgullo.

Su reino fue eje de sangrientas guerras de conquistas; a Oshún no le quedó más remedio que huir y abandonarlo todo. A partir de ese momento, grande fue su pobreza y mayor aún los trabajos que pasó. De sus magníficos vestidos sólo le quedó uno que, de tanto lavarlo y volverlo a lavar en las aguas amarillas del río, tomó ese color; tuvo que vender sus joyas para poder comer; y para colmo, del sufrimiento se le cayó el pelo.

Oshún, la bella entre las bellas, se vio de golpe sola, pobre, esclava y en la peor miseria. Pero Oshún no estaba sola. Como todos los ríos desembocan en el mar y en su fondo vive la hermana mayor de Oshún, Yemayá, la dueña de todas las riquezas del mundo y la persona que más amaba a Oshún sobre la tierra, hasta ella llegaron las lágrimas y quejas de su hermana, arrastradas por el río. Rauda partió Yemayá a tratar de remediar la situación y cuál no sería su sorpresa al encontrar a su querida hermana destruida material y espiritualmente.

"No llores más, Oshún. Tus lágrimas se me clavan en el corazón. Reina fuiste y reina volverás a ser por la gracia de Olofi. De hoy en adelante, te pertenecerá todo el oro que se encuentra en las entrañas de la tierra; todos los corales que hay en el fondo del mar serán tuyos para que te adornes con ellos; no volverás a trabajar como las esclavas sino que te sentarás en un trono dorado y te echarás fresco, como corresponde a las reinas, con un abanico de pavo real, animal que es mío, pero que pasará a ser tuyo desde el día de hoy. Y para que no te atormentes más, mira: ¿ves mi cabellera? ¿Recuerdas que ella era mi orgullo, lo mismo que la tuya era para ti? Aquí la tienes. Hazte una peluca con ella para que nadie te vea en ese estado y puedas esperar dignamente hasta que el pelo te crezca".

Así le dijo Yemayá a su querida hermana Oshún, mientras que con lágrimas en los ojos, se cortaba, en sacrificio, su frondosa cabellera. Desde ese día Oshún defiende siempre a las hijas de Yemayá y Yemayá a las de Oshún. Esa es la causa por la cual ni las hijas de Yemayá, ni las de Oshún deben cortarse mucho el pelo.

De cómo Changó y Elegguá salvan a Orula y éste se hace dueño de Ifá y del tablero para adivinar

Orula estuvo enterrado hasta los hombros al amparo de una ceiba, porque nació después de un juramento que hizo Obatalá de no tener más hijos varones. Al pasar los años, el anciano rey perdía la memoria y la adversidad lo perseguía. Changó insinuó que el origen de aquellos males era sin dudas el enterramiento de Orula. "¿Y qué puedo hacer ahora?" —preguntó Obatalá— "Orula está en manos de Olofi. Yo mismo lo enterré vivo, bajo una ceiba".

Pero el anciano dios ignoraba que Elegguá lo había seguido y había visto que Orula conservaba la cabeza y los brazos fuera de la tierra; que todos los días su madre, Yemayá, le enviaba de comer con Elegguá; que la ceiba lo protegía; que Orula vivía preso por el juramento de Obatalá, la palabra (oro) de su padre.

Elegguá le dijo que había visto a un negro colorado, enterrado hasta los hombros en una ceiba. Changó intercedió a favor de Orula: "Orula, Baba mí, tiene la gracia de Olofi en su lengua y en sus ojos, y puede poner fin a nuestros males". Obatalá, con ayuda de Elegguá buscó a Orula y lo desenterró; cortó un pedazo del tronco de la ceiba e hizo un tablero para adivinar; se lo entregó a su hijo Orula, a quien hizo dueño de Ifá y del tablero.

MITO DE OLOFI

Olofi es tan poderoso que hacer el mundo le pareció algo fácil; pero una cosa es hacer algo y otra que funcione. Cuando distribuyó los cargos entre sus hijos, se encontró con que los hombres siempre estaban peleando y tuvo que hacer de Ayágguna el orisha de las pendencias.

Pero Olofi es la paz, porque es completo, y no podía comprender por qué Ayágguna siempre estaba atizando las peleas. Así que un día dijo: "¡Por favor, hijo mío!" Pero Ayágguna le respondió: "Si no hay discordia no hay progreso, porque haciendo que quieran dos, quieren cuatro y triunfa el que sea más capaz, y el mundo avanza". "Bien —dijo Olofi— si es así, durará el mundo hasta el día en que le des la espalda a la guerra y te tumbes a descansar".

Ese día no ha llegado todavía y Olofi comprendió que su creación dejaba mucho que desear. Se desilusionó y, desde entonces, ya no interviene directamente en las cosas del mundo.

MITO DE ELEGGUÁ EN OSATURA

En este camino, Obatalá tenía un hijo desobediente y descreído llamado Nifa Funke, que le daba muchos dolores de cabeza. Desde su escondite en las malezas, Elegguá veía como Nifa maltrataba a su padre de palabra y de obra, y decidió darle un escarmiento.

Un día en que Nifa Funke había corrido una distancia larga y estaba muy sudado, se arrimó a un árbol para refrescarse con su sombra. Elegguá sacudió el árbol, del que cayeron muchas hojas y polvo, enfermando a Nifa. Obatalá, desesperado, comenzó a llamar en su ayuda a Elegguá. Oggún, que venía por el camino llevando tres cuchillos, al ver a Obatalá desesperado, le rindió Moforibale y le preguntó qué pasaba. Al enterarse, Oggún enseguida llevó a Nifa al río, lo bañó con yerbas y lo restregó con el achó fun fun de su padre. Pero no obstante haberle hecho ebbo, le dijo que debía ir a consultar con Orula. Elegguá, que seguía escondido escuchando, decidió cerrarle todos los caminos.

Oggún, Obatalá y su hijo se desconcertaron al no encontrar el camino. Oggún encontró tres pollones y muy astutamente, fingió comerlos. Elegguá, glotón al fin, saltó sobre Oggún, le quitó las aves y se las comió. En ese momento llegó Obatalá y Elegguá, al verlo, se inclinó a sus pies y le rindió Moforibale, diciéndole: "Yo voy a salvar a tu hijo, Babá". Mandó a regresar al atribulado padre y salió rumbo al Ilé de Orula. Cuando llegó, se escondió y Nifa Funke se pudo consultar por fin con Orula. Éste, al tirarle el ékuele, le ordenó limpiarse con tres pollones y yerbas y entregárselos a Elegguá, pues éste lo salvaría de todas sus malas situaciones; respetar al padre y contentar siempre a Elegguá, quien abre y cierra los caminos de los destinos de hombres y orishas y por eso come antes que todos y debe dársele la sangre de los pollones.

MITO DE ELEGGUÁ

Elegguá era hijo de Okuboro, rey de Añagui. Un día, siendo un muchacho, andaba con su séquito y vio una luz brillante con tres ojos que estaba en el suelo. Al acercarse vio que era un coco seco. Elegguá se lo llevó al palacio, le contó a sus padres lo que había visto y tiró el Obi detrás de una puerta. Poco después todos se quedaron asombrados al ver la luz que salía del Obi. Tres días más tarde Elegguá murió. Todo el mundo le tomó mucho respeto al Obi, que seguía brillando, pero con el tiempo, la gente se olvidó de él.

Así fue como el pueblo llegó a verse en una situación desesperada y cuando se reunieron los arubbó, llegaron a la conclusión de que la causa estaba en el abandono del Obi. Este, en efecto, se hallaba vacío y comido por los bichos. Los viejos acordaron hacer algo sólido y perdurable y pensaron en colocar una piedra de santo (Otá) en el lugar del Obi, detrás de la puerta. Fue el origen del nacimiento de Elegguá como orisha. Por eso se dice: "Ikú lobi ocha. El muerto parió al santo".

HISTORIA DEL ORISHA ELEGGUÁ

En cierta oportunidad Olofi padecía de un mal misterioso que agravándose por el día le impedía trabajar en sus labranzas. Todos los santos habían intentado aliviarlo, pero sus medicinas no habían logrado ningún resultado. El padre de los orishas, el Creador, ya no podía levantarse, pues se encontraba extenuado, débil y adolorido. Elegguá a pesar de sus pocos años pidió a su madre Oyá (según unos) que lo llevase a casa de Olofi asegurándole que lo curaría. Oyá lo llevó. Elegguá escogió unas yerbas, hizo un brebaje y tan pronto el viejo se lo tragó, haciendo una larga mueca, empezó a sanar y fortalecerse rápidamente. Agradecido Olofi, ordenó a los orishas mayores que precedieran a Elegguá las primicias de toda ofrenda. Depositó en sus manos unas llaves y lo hizo dueño de los caminos. Desde aquel día toleró con ilimitadas complacencias las picardías de Elegguá.

ORULA E IKÚ

Hubo un tiempo en que la gente se le reviró a Orula y se unieron a él para matarlo. Un día Orula había hecho ebbo, también le dio de comer a su cabeza, y estaba parado en la puerta de su casa (con los pelos del chivo y el gallo del ebbo se había pintado la cara para desfigurársela), llegó la muerte y le dijo que si allí no vivía un hombre colorado y Orula le contestó que no, que el único que vivía era él. Ikú se marchó pero más tarde regresó porque se enteró que allí mismo era la casa que buscaba.

Ya Orula había terminado de cocinar los animales con que había hecho el ebbo e invitó a Ikú a comer, éste entró, comió y bebió tanto que se quedó profundamente dormido, momento que Orula aprovechó para esconderle la mandarria con que Ikú mata a la gente. Cuando Ikú despertó enseguida preguntó por su mandarria, Orula le respondió que ni siquiera la había visto. Fue tanta la súplica de Ikú que llegó a prometerle que no lo mataría ni a él ni a ninguno de sus hijos, a menos que fuera él mismo el que se lo entregara; Orula venció a la muerte y éste es el motivo por lo que los hijos de Orula pueden salvar a cualquiera que esté en peligro de muerte.

MITO DE OCHOSI

Ochosi es el mejor de los cazadores y sus flechas no fallan nunca. Sin embargo, en una época nunca podía llegar hasta sus presas porque la espesura del monte se lo impedía. Desesperado fue a ver a Orula, quien le aconsejó que hiciera ebbo. Ochosi y Oggún eran enemigos porque Echu había sembrado cizaña entre ellos, pero Oggún tenía un problema similar. Aunque nadie era capaz de hacer trillos en el monte con más rapidez que él, nunca conseguía matar a sus piezas y se le escapaban. También fue a ver a Orula y recibió instrucciones de hacer ebbo. Fue así que ambos rivales fueron al monte a cumplir con lo suyo.

Sin darse cuenta, Ochosi dejo caer su ebbo arriba de Oggún, que estaba recostado en un tronco. Tuvieron una discusión fuerte, pero Ochosi se disculpó y se sentaron a conversar y a contarse sus problemas. Mientras hablaban, a lo lejos paso un venado. Rápido como un rayo, Ochosi se incorporó y le tiró una flecha que le atravesó el cuello dejándolo muerto. "Ya ves", suspiro Ochosi, "yo no lo puedo coger". Entonces Oggún cogió su machete y en menos de lo que canta un gallo abrió un trillo hasta el venado. Muy contentos, llegaron hasta el animal y lo compartieron.

Desde ese momento convinieron en que eran necesarios el uno para el otro y que separados no eran nadie, por lo que hicieron un pacto en casa de Orula. Es por eso que Ochosi, el cazador, siempre anda con Oggún, el dueño de los hierros.

MITO DE OSHÚN Y ORULA

En mitad de la selva imaginaria de la tierra de los orishas, vivían Oshún, Oggún, Changó y Orula. Oshún, tan sensual, bella y erótica como liviana, vivía maritalmente con Changó, pero esto no le impedía flirtear con Oggún y con cualquier caminante que se perdiera en ese monte lleno de sorpresas.

Por ese entonces, Orula, baldado y en silla de ruedas, decidió registrarse buscando saber hasta cuándo duraría su desgracia. Se tiro el ékuele y le salió la letra Iroso Sa, que le recomendaba hacerse ebbo a toda carrera. En este registro se le advertía también que tuviera mucho cuidado con el fuego, pues Changó se había percatado de las infidelidades de su mujer. Oshún, apenada porque Orula en su lecho de enfermo no podía salir a buscar las cosas necesarias para hacer el ebbo, inmediatamente se las trajo. Orula le quedó muy agradecido.

Un día de primavera, mientras Oshún cocinaba una adié, la comida preferida de Orula, Changó acechaba para lograr su venganza. Seguro de encontrar juntos a Oshún, Oggún y Orula, formó una gran tormenta y, con sus rayos implacables, le prendió fuego a la choza de Orula. Oggún salió corriendo. Orula, del susto, volvió a caminar y logró alcanzar la espesura. Oshún, quien buscaba orégano y albahaca para sazonar la adié, al ver las llamas pensó en la invalidez del pobre Orula. A riesgo de su vida, penetró en la casa para salvarlo. Al no encontrarlo allí, desesperada y casi ahogada por el humo, salió llorando. Cuando vio a Orula, sano y salvó en un clarito del monte, se abrazó a él. Emocionados, ambos se juraron amistad eterna. Orula le dijo: "Tú, que fuiste la pecadora, te acordaste de mí en los momentos más difíciles. De ahora en adelante, comerás conmigo. Haremos juntos nuestra comida predilecta, la adié. Te nombro, además, mi Apetebí. Juntos andaremos los caminos de los Odún y de los hombres". El río Oshún en Oshogho, Nigeria, es la manifestación de Oshún en la naturaleza. Una figura que representa a Oggún —su triste amante— está en frente, el árbol con los brazos extendidos, como si deseara abrazar a sus impetuosas aguas.

Historia de Oggún

Oggún, el dueño del hierro, es un montuno irascible y solitario. Cuando los orishas bajaron a la Tierra fue él quien se encargó, con su machete infatigable, de cortar los troncos y las malezas para abrirles paso.

Vivía entonces en casa de sus padres, Obatalá y Yemú, y junto a sus hermanos Ochosi y Elegguá. Oggún estaba enamorado de su madre y varias veces quiso violarla, lo que no consiguió gracias a la vigilancia de Elegguá. Oggún se las arregló para conseguir su propósito pero, para su desgracia, Obatalá lo sorprendió. Antes de que este pudiera decir nada, Oggún grito: "Yo mismo me voy a maldecir. Mientras el mundo sea mundo lo único que voy a hacer es trabajar para la Osha".

Entonces se fue para el monte sin más compañía que sus perros, se escondió de los hombres y ningún orisha que no fuera Ochosi, su hermano el cazador, consiguió verlo. Trabajaba sin descanso, pero estaba muy amargado. Además de producir hierros, se dedicó a regar ofoché por todas partes y el arayé comenzó a dominar el mundo. Fue entonces cuando Oshún se metió en el monte, lo atrajo con su canto y le hizo probar la miel de la vida. Oggún siguió trabajando, pero perdió la amargura, no volvió a hacer ofoché y el mundo se tranquilizo. Hay quienes dicen que cuando salió del monte, Oshún lo llevó hasta Olorun, quien lo amarró con una cadena enorme.

MITO DE OGGÚN

Este orisha, en torno al cual se han elaborado tantas historias distintas, tiene una misión muy importante en la religión yoruba, porque es el Ochogun de todos los orishas: es el encargado de darles de comer. Con el cuchillo se mata y esto no es otra cosa que la representación de Oggún en el santo, es decir, la sangre que llena las soperas de los demás orishas cruza primero por Oggún (antes que el santo que está comiendo). La misión de este santo es guerrear por todos nosotros en la religión y la vida, ya que él cometió una falta muy grave al abusar de su madre (Yemú). Esto causó que Obatalá tratara de maldecirlo, pero él no le dio tiempo y se maldijo a sí mismo. La maldición fue no dormir de día ni de noche hasta que el mundo sea mundo. Él considera que todas las mujeres, incluyendo a su madre, son iguales.

Oggún es brujo y guerrero (como Changó) y en las guerras lo demuestra. Oggún nace de la entraña de la tierra, porque él es el hierro y éste nace también ahí. La palabra Oggún significa guerra y destrucción, pero también, medicina y espíritu bueno y malo. Es un orisha de Ilé Ocu y tiene mucho que ver con los eggun (espíritus). Le gusta la cosa de los muertos y la hechicería. Es indispensable para todos los demás orishas, ya que es el encargado de darles de comer.

Su esposa es Oyá, y por ganar al amor de ésta luchó contra Changó. Tuvo amores con Yemayá, a la que enseñó el arte del amor. El motivo por el que él considera que todas las mujeres son iguales, es porque Yemayá es su madre en su camino de Yenbó. En la tierra vive con Ochosi, por mandato de Obatalá, al lado de la puerta del Ilé, para que nada malo entre en la casa y por todo esto Maferefun oggún aguanille aerere.

ALAMIYO EL CAZADOR

Alamiyo era el cazador principal del pueblo de Itoko. Su generosidad era grande y dominaba muy bien el arte de la cacería. Un día fue ante los sacerdotes de Ifá buscando adivinación y estos le recomendaron que hiciera ebbo para evitar la ingratitud de la gente que se beneficiaba de su bondad. Él no quiso hacer el sacrificio porque tenía mucho éxito en su profesión y pensó que no era necesario hacer el ebbo.

Pasaron unos años y el cazador tuvo un sueño que lo atemorizó, por lo que fue de nuevo por adivinación y el oráculo le recordó el ebbo que tenía pendiente, además de decirle que debía hacerlo para evitar la reducción de su vida a consecuencia de su benevolencia ante la gente. Esta vez el ebbo se duplicó y no obstante al mensaje de los orishas, Alamiyo no hizo lo que le indicado insistiendo que él no necesitaba ayuda de ningún sacrificio.

Luego de esto se fue a una expedición de cacería y al llegar al pueblo de Ikogun se encontró con que la gente estaba atemorizada por la presencia de un pájaro que cada vez que cantaba morían muchas personas. Ningún cazador había podido matar al pájaro y el Rey del pueblo habló con Alamiyo para que los ayudara. En el momento en que lo hacían apareció el pájaro y antes de que pudiera cantar el diestro cazador lo dejó muerto con un disparo certero de su boomerang.

La noticia se dispersó rápidamente volviendo la alegría y la tranquilidad al pueblo. Al mismo tiempo Elegguá reunió a los jóvenes y los convenció para que hablaran con los mayores y así sacaran a Alamiyo del pueblo, diciéndoles que si ese cazador podía matar de un sólo golpe a un pájaro que nadie había podido matar, haría lo mismo con las personas si algún día hubiera problemas. Así fue que el pueblo expulsó a Alamiyo sin importar que fuera él quien los liberó de su problema.

Totalmente confundido, el cazador llegó a otro pueblo llamado Iyinta, allí encontró el mismo problema y lo resolvió de la misma forma, matando el pájaro que les creaba problemas. La población festejó con alegría y alabó al cazador por su hazaña, pero al poco tiempo lo corrieron del pueblo debido a que Elegguá los instó a ello, de esa manera Alamiyo estaba pagando un alto precio por su testarudez de no hacer ebbo.

El cazador llegó entonces al pueblo de Iye donde fue recibido con alegría y expectativa, ya que se habían enterado de los prodigios hechos en los otros dos poblados. Ellos prometieron que no lo tratarían como lo hicieron en esos lugares pero que los ayudara con un venado que cada vez que gritaba morían muchas personas. Alamiyo accedió, le dio muerte al venado y luego trató de asentarse en el lugar, pero Elegguá comenzó a difundió que Alamiyo fue quien trajo el venado y por eso fue el único que pudo eliminarlo.

Además de esto, Elegguá se transformó en un forastero que supuestamente había estado en los pueblos de Ikogun e Iyinta y les preguntó si la manera en que Alamiyo había matado al venado había sido disparando una flecha al azar, volviendo la misma a sus manos, y ellos dijeron que sí que así mismo había ocurrido. Luego les dijo que tuvieran cuidado porque un hombre con ese poder podría destruir al pueblo fácilmente y Alamiyo fue expulsado de nuevo del lugar.

Para evitar que esto siguiera sucediendo, el experto cazador escondió su instrumento de cacería y decidió dedicarse al arte de Ifá, algo que también hacía muy bien. Esta vez llegó a la tranquila ciudad de Iyesá y nadie lo reconoció, incluso se casó con la hija del Obbá de la región. La princesa tuvo cuatro hijos con él y al nacer el cuarto se desató una guerra con la vecina ciudad de Oyó. El Obbá reunió a su pueblo para hacer una adivinación general y determinar la manera de enfrentar al ejército invasor y Elegguá, transformado en sacerdote de Ifá, puso al descubierto a Alamiyo diciendo a todos que en la reunión se encontraba el famoso cazador que hizo las proezas en Ikogun e Iyinta. También les dijo que el cazador había ocultado su identidad por las ingratitudes que esos dos pueblos habían tenido con él. Continuó diciendo que ese cazador se había casado con la princesa y que con su arma misteriosa era el único que podía con el ejército que se aproximaba.

Cuando todos los ojos se dirigían hacia Alamiyo, Elegguá continuó diciendo que esa persona tenía un problema desde el Cielo en donde por primera vez le habían marcado ebbo y no lo hizo, y que si lo hacía se convertiría en la persona más famosa de Iyesá, de lo contrario terminaría suicidándose pues moriría enterrado vivo. Cuando Elegguá terminó la adivinación, Alamiyo se levantó y aceptó que había dejado de hacer sacrificio, pero estas se habían multiplicado en gran cantidad. Con lágrimas en los ojos Alamiyo dijo que él había hecho mucho por la humanidad y que le habían pagado con mucha ingratitud, y por lo tanto no se sentía obligado a ser caritativo con nadie.

En ese momento las mujeres que habían perdido a sus esposos en la guerra ofrecieron voluntariamente poner el dinero para que Alamiyo hiciera los ebbos; así se hizo y a la mañana siguiente el antiguo cazador limpió su boomerang, cerró los ojos y lanzó 3 flechas hacia el ejército invasor. Cada una mató a doscientos soldados y las mismas regresaron a sus manos. Cuando el ejército de Oyó vio aquel poder, se retiró y la paz volvió a Iyesá. Al poco tiempo el Rey de Iyesá murió y como no tenía más hijos que la princesa, Alamiyo fue coronado rey. Éste alabó a Ifá y su reinado fue próspero y pacífico.

CHANGÓ SALVA AL BABALAWO

Algunos relatos se refieren a la práctica cotidiana de la religión y la relación entre hombres y orishas. Una de las leyendas más hermosas es la siguiente: Un babalawo (sacerdote de Ifá) elevó en público la bandera de Changó situándola a la misma altura que la bandera del reino. El rey, indignado, preguntó:

—¿Quién se ha atrevido a poner la bandera de Changó tan alta como la mía?

El Babalawo dijo:

— Yo, pues dios me manda adivinar.

— Pues adivina — replicó el rey.

El babalawo dijo entonces con voz serena:

— El reino marcha bien, pues no falta de nada. Pero va mal en los asuntos espirituales. Una sombra se cierne sobre esta tierra y oprime su alma. Si no se da paso a la espiritualidad, sobrevendrá un gran castigo.

El rey montó en cólera. Mandó detener al babalawo y ordenó su ejecución para el día siguiente. El rey tenía una hija a la que le gustaba andar por ahí libre. Pasó por la cárcel y vio al babalawo encarcelado, cubierto con una hermosa capa roja, el color de Changó.

— ¡Qué hermosa capa! —dijo la princesa.

—Es tuya, tómala —dijo el babalawo desprendiéndose de la capa—, total, a mí me ajustician mañana.

La joven princesa salió al patio de la prisión. Los guardias vieron, en las sombras de la noche, una figura envuelta en la llamativa capa roja. Pensaron que el babalawo se escapaba y dispararon sus dardos contra ella. La joven murió. El rey quedó consternado. Mas reconoció su error: ordenó liberar al babalawo y también que la bandera de Changó ondeara a la misma altura que la del reino.

Con historias de este tipo, los lucumíes expresan que la religión, los dioses, los orishas, están por encima de los hombres.

RELATO DE OBATALÁ

Cuentan que gobernando Obatalá en la Tierra ocurrió que la muerte, Ikú; Ano, la enfermedad; Iña, la tragedia; Ofó, la vergüenza; y Eyé, la sangre, tuvieron mucha hambre porque nadie moría, ni se enfermaban, ni peleaban, ni se abochornaban, resultando que el bien de uno era el mal de los otros.

Entonces Ikú, Ano, Ofó, Iña y Eyé decidieron, para subsistir, atacar a los súbditos de Obatalá. Éste, con toda prudencia aconsejó a los suyos y les prohibió que se asomasen a las puertas ni a las ventanas, ni salieran a las calle por nada. Y para calmar a Ikú, Ano, Ofó y Eyé les pidió que tuvieran calma, pero el hambre que sufrían ellas ya era atroz y decidieron salir a las 12 día, con palos y latas, produciendo un gran estruendo por todo el pueblo.

Y la gente curiosa se asomó sin pensar a las ventanas. Ikú aprovechó y cortó gran número de cabezas. Luego a las 12 de la noche volvió a oírse un ruido ensordecedor y los imprudentes salieron a las calles y otros se asomaron a las puertas y ventanas. Nuevamente Ikú cortó gran número de cabezas. Desde entonces a las 12 del día y a las 12 de la noche: Ikú, Ofó, Iña y Eyé rondan la calle en busca de víctimas, mas, las personas juiciosas a esas horas se recogen en sus casas implorando a Obatalá que las proteja.

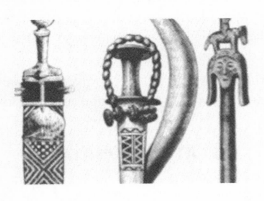

EL MONTE
PLANTAS CURATIVAS Y MEDICINALES

-A-

ACEITUNILLO
ORULA

Con la raíz se hace un amuleto que se destina a los intelectuales impacientes por adquirir renombre. Las hojas en cocimiento son usadas para lavar la cabeza, deja el cabello brillante y sedoso.

ACHICORIA
OBATALÁ

Las hojas y raíces en agua común sin hervir son muy buenas para el estómago. Se emplea también para la hidropesía, las hemorragias y descomposición del vientre. Es muy diurético.

ADORMIDERA
OBATALÁ

De acuerdo con la opinión de destacados mayomberos, es la mejor hierba que produce la tierra para embaucar. Para tales fines, se liga la adormidera con "caraguá" (que es un parásito del cerdo y de la guásima que algunos llaman Guilda-Vela), uña de los pies, pelo del nace sobre la frente o la nuca y de los sobacos de la persona que desee cautivar, y todo reducido a polvo; se le da a tomar en café, chocolate o vino dulce a la persona que te incentiva en el amor, cuidando de echar canela en el vino. Hay adormidera hembra y macho.

AGUACATE
OGGÚN, ELEGGUÁ, CHANGÓ

El fruto morado del aguacate le pertenece a Oyá. El cocimiento del cogollo es bueno para expulsar los gases que produce su fruto y para la tos. El del aguacate morado para provocar el menstruo; es abortivo. En lavados vaginales, para combatir las flores blancas. La semilla molida y hervida sirve para borrar las arrugas de la cara.

AGUINALDO BLANCO
OBATALÁ

Para despojar malas influencias, para baños lustrales y baldeos purificadores de la casa. El cocimiento de las flores es indicado para contener las palpitaciones del corazón.

AJÍ CHILE
Elegguá

Se le atribuye también a Oggún y a Ozaín, pero no se olvide que a este último pertenecen todas las plantas y con todas trabaja. La savia de la raíz, de las hojas y del fruto, combate el tifus en sus comienzos.

AJO
Obatalá

No se emplea para sazonar la comida de los santos lucumís. Contra el mal de ojo se lleva en la cabeza entre el pelo y atravesado por un gancho. Es el sustento de las gangas y prendas fuertes porque les da fuerza. Pero hay prendas que el ajo mata por ser débiles y no resistir su presencia. El ajo domestica a los majas "guardieros de gangas". Un resguardo muy recomendable es el siguiente: En una bolsita de tela blanca se guarda una cabeza de ajo con hierbabuena y perejil. Antes de usarse, es menester llevarlo a siete iglesias y humedecerlo en las pilas de agua bendita de dichos templos, y en este momento se dirá:

"*Líbrame de mi enemigo,*
de cuantos me quieran mal,
dame salud y suerte".

El ajo lo cura todo, molido y aplicado en fricciones es buen antídoto contra las picadas de los alacranes, arañas y avispas, etc. Cura el mal de madre, el padrejón y el empacho. El zumo ablanda los callos por muy rebeldes que sean. Para expulsar parásitos intestinales y bajar la fiebre.

Facilita la expectoración al mejorar los resfriados y catarros, combate las malas digestiones y ayuda a expulsar los gases. Se utiliza, además, para trazar insomnios y regular la presión arterial. Alivia los dolores reumáticos, la gota, úlceras, quemaduras y otras afecciones de la piel.

AJONJOLÍ
BABALÚ-AYÉ

Es "tabú" en las casas de este orisha. Si un hijo de San Lázaro come ajonjolí se enferma e inclusive puede morir, no pueden ni mirarlo. Igualmente les está terminantemente prohibido comer irú (granos) de frijoles como la lenteja, el gandul, etc. Sobre todo las lentejas, que son los mismos granos del leproso (orisha Adeta). Tampoco pueden comerlos los "Iworos", hijos de Obatalá, ni el gangulero. No liga, naturalmente, con la "ganga", solamente lo comen sin peligro los santos.

Si el ajonjolí se desparrama provoca una epidemia. Aleja lo malo ligado con corteza de corojo, azogue y pimienta de guinea. Atrae también lo malo, pues Babalú-Ayé "bilonga" con ajonjolí. Las semillas en cocimiento se utilizan para aliviar a los asmáticos tan pronto se declara el ataque. Fortalece el corazón. Las mujeres cuando crían a sus hijos deben tomarlo para tener leche abundante.

ALBAHACA DE CLAVO
OBATALÁ

Para despojos corporales. El zumo vertido dentro del oído apaga los zumbidos o dolores, saca el viento eliminando los ruidos incómodos. Con el cocimiento del cogollo Odúa alivia los dolores de la menstruación. Con el zumo de las hojas que se extrae mediante la presión de los dos índices se aplica sobre los ojos y cura un orzuelo rebelde.

ALBAHACA
OBATALÁ

Para baños lustrales. Para buena suerte, para despojar y santiguar malas influencias. Se utiliza contra el mal de ojo. Quemado con incienso aleja los malos espíritus. Se emplea machacado, en emplastos para las inflamaciones y en cocimientos para el estómago. La infusión de sus hojas y flores, calma el dolor de cabeza.

El uso más común es como aromática, con alcohol para fricciones y baños estimulantes. Posee propiedades anti diarreicas, carmitivas y anti hipocondriacas. La infusión de las hojas se emplea como remedio para la gonorrea y la diarrea crónica. Es anti espasmódico. Para curar una dolencia que se sospecha producida por el "mal de ojo", se toman tres gajos de "albahaca", un vaso de agua, una vela y la oración de San Luis Beltrán.

Si el enfermo es por lo general un niño y no está demasiado débil y puede incorporarse, el santiguador le hace sostener la vela y el vaso. Es necesario también un crucifijo que se introduce en el vaso con la albahaca.

Al comenzar a recitar la oración, el que santigua toma en una mano un gajo, y en la otra el crucifijo. Si no sabes de memoria la oración, la leerás empuñando juntos la albahaca y el crucifijo. A la par que recitas de memoria o lees la oración vas haciendo cruces con la albahaca sobre el paciente, primero en la frente, en el pecho, en el vientre, en las rodillas, y en los pies.

Al terminar rezas tres "Padrenuestros", tres "Avemarías" y tres "Credos". La vela se deja encendida hasta que se consuma. En rigor deben ser tres personas y en horas distintas. Las personas se santiguan los viernes, que es el día indicado, aunque en todo momento es beneficioso santiguarse, "porque quita la salación".

Tres baños de albahaca de todas las especies, con azucenas y rosas blancas, bastarán para saturarse de sus grandes virtudes y atraer las buenas influencias.

Una limpieza excelente para atraer la buena suerte a una casa se realiza de la forma siguiente: Las albahacas se tienen durante siete días en un lugar apartado y donde nadie ponga el pie, y al mismo tiempo durante cinco días consecutivos se tendrá en la cabecera de la cama, lo más cerca posible de la almohada, una yema de huevo con miel de abeja, que se arrojará después en un herbazal alto y tupido. Se cocinan sin condimento siete pelotas de maíz y se abandonan en siete esquinas, calculando el que practica que tu casa quede situada en el centro de esas siete calles.

En los templos "kimbisa", cuando un iniciado cae en trance y ya se sabe el Padre qué "palo" (espíritu) va a posesionarse de aquél, se le rocía el cuerpo con agua que tenga todo tipo de albahaca, flores blancas y azucenas con la "chamba", aguardiente del ritual, junto a la ganga o caldero. Ya en posesión del nuevo médium, inmediatamente se le lavan los ojos con "manba" (agua preparada con albahaca, grama, vino seco y otros ingredientes), para que vean "las cosas del otro mundo".

Para esos casos de matrimonio demorados, en que el galán da largas a la novia, se prepara con albahaca una esencia muy efectiva para tales circunstancias. Jugo de albahaca, heno tostado, agua bendita y agua de azahar, agua de la tinaja de Oshún, vino seco o aguardiente de Islas.

ALCANFOR
ELEGGUÁ, CHANGÓ

Los cogollos se hierven con la raíz para baños lustrales que, si se hacen a tiempo, evitarán las enfermedades que pueden vaticinar los "adivinos". La resina del alcanfor solidificada es excelente como preservativo en épocas de epidemias y es recomendada por todos los orishas. Deberá llevarse un trocito con granos de maíz tostado en una bolsita de cañamazo o género rojo cuando se visita un hospital o la casa de algún enfermo contagioso. El alcanfor tiene el poder de alejar la enfermedad.

ALGODÓN
Oshún, Obatalá, Babalú-Ayé

Es de Obatalá, Babbadé y Babá lubbó. Los capullos del algodón verde, después de sumergido en agua no muy caliente, se exprimen lentamente dejando caer unas gotas dentro de la oreja para calmar el dolor de oídos. Con las semillas machacadas y ligadas con sebo de Flandes, se compone un emplasto que madura rápidamente los tumores.

El cocimiento de las semillas se toma en casos de bronquitis o de asma. El cocimiento de la raíz, es excelente para regular el menstruo. Si se hace muy concentrado, sirve de abortivo. La flor, en lustraciones, elimina las impurezas que mantienen un mal estado físico, y en su consecuencia moral, también se usa en el individuo que no se haya purificado por completo. Las hojas del algodón se emplean en el Omiero del Asiento. A manera de resumen, como Obi (el coco), a semejanza del algodón, no puede disociarse de Obatalá, es imprescindible.

ALMENDRO
Obatalá

Las hojas se emplean para lavar la cabeza (refrescar Eledá) en "despojos", baños, baldeos para purificar la casa y para la buena suerte. En lavados vaginales, se hace un cocimiento con la corteza, con la raíz y con las hojas. La savia de esta planta con el aceite que se extrae de la fruta, aplicada a la piel, la mantendrá tersa y fresca. El aceite de almendra se emplea para las lámparas que le encienden a Obatalá. Sus hojas se incluyen en el omiero.

AMANSA GUAPO
OBATALÁ

Para apaciguar, suavizar asperezas, conciliar y dominar un amarre efectivo haz lo siguiente: amansa guapo, paja de maíz, la plantilla de los zapatos, una camiseta y pelo de la persona que se desee "amarrar". El pelo se ata con una madeja de hilo del color del santo que propicie ese "trabajo", junto con el pelo de la persona para quien se realiza el "amarre". Con el amansa guapo entizado con hilo blanco y negro, aguardiente, vino seco, miel de abejas y canela, se obtiene lo que se quiera. Para dolores reumáticos y musculares.

ARROZ
OBATALÁ

El "Kamanakú" es un apetitoso manjar de arroz molido. Se remoja el arroz y cuando los granos están hinchados, se pelan, se ciernen y se reducen a polvo. Se bate en un caldero y se cocina a fuego lento. Con leche se le ofrenda a Obatalá. El agua en que se lava el arroz mata la brujería.

Se emplea para "limpiar" los quicios de las puertas donde ésta haya sido lanzada. A la semana siguiente de un "levantamiento del plato" (ceremonia que se realiza al año de ocurrida la muerte de un "olosha"), después de una noche de vela, en que se tocan los batás exclusivamente para el muerto, los que toman parte en este rito asistirán a las honras fúnebres que deben celebrarse en la iglesia.

Al regreso de la misa, se cocina el arroz sin sal, y con la carne que haya sobrado del cochino que se le sacrifica al difunto en esta ocasión, se riega por toda la casa. El arroz blanco con guengueré es una ofrenda tradicional para Oyá. En cocimiento para las diarreas. En harina para la erisipela, cualquier erupción de la piel y para embellecer el cutis.

AZAFRÁN
OBATALÁ

El azafrán comercial, o azafrán del país, se emplea para hacer bajar el menstruo. Si la supresión tiene por causa un disparate cometido (un baño frío, dormir a la luz de la Luna, etc.), el remedio será un puñado de azafrán de hebra, una botella de miel de abeja pura, tres cocos pequeños que se cortan por el medio y un litro de agua. Se hierven los cocos con azafrán y la media botella de miel de abeja y se deja a la candela hasta que quede una cantidad de líquido equivalente a tres tazas que deberán tomarse muy calientes, tres veces al día.

Como es muy probable que el menstruo se presente con hemorragia al día siguiente de tomarse este remedio, se hierven los tres cocos y se toman tres cocimientos. El cocimiento de azafrán es muy efectivo a su vez para los espasmos.

-B-

BONIATO (CAMOTE)

ORISHA-OKO, OSHÚN

Ozaín lo come, y cuando se quiere hablar con él, se lleva a la sabana un boniato bien untado de manteca de corojo y se le llama. Es una ofrenda gustosa a todos los orishas menos Obatalá y Oyá. El día de Itá, el tercer día de la consagración en regla de Osha, el "asentado" escucha la lectura del porvenir y le son revelados los diversos acontecimientos y prohibiciones relacionadas con su destino, las qué deberá observar toda la vida.

A las Iyaloshas, en su mayoría, se les prohíbe comer boniato (batata). Pero muy pocos se privan de esta vianda cuando la ocasión se presenta, pues se le llama entonces, si es que su nombre llega a mencionarse ante ellas, "papa dulce". Por lo tanto, no se le deberá brindar a ninguna Iyalosha un boniato, se le brindará una "papa dulce".

-C-

CABO DE HACHA

"Árbol de guerra de Oyá". Con las hojas del cabo de hacha se enfurece y se azuza a Oyá para que pelee y gane una guerra mágicamente. El Olosha excita la cólera y el ardor bélico de Oyá contra su enemigo o el de su cliente, obteniendo siempre la victoria por difícil y espinosa que sea la lucha. Es uno de los árboles rituales más poderosos de Oyá. Muy estimado también por los mayomberos. "Palo fuerte" para montar "Ganga".

Los baños de las hojas hervidas purifican y disuelven todo lo malo. Los "despojos" y "limpiezas" con cabo de hacha deben hacerse a las doce en punto en el día, recomendándose que se mezclen sus hojas con epazote y albahaca, que se expondrán largo rato al sol antes de bañarse para que recojan la fuerza solar. El cocimiento de sus hojas es muy utilizado para la anemia, el asma, la bronquitis y la pulmonía.

CAFÉ
OBATALÁ

El café es una gran medicina del corazón y del estómago, pues le produce calor al mismo. Las hojas verdes en buche alivian el dolor de muelas. La semilla verde sirve de laxante. La raíz, cortada en tres trozos en cocimiento, se emplea para bajar la fiebre. En caso de padecer fiebre, una pasta de café y sebo "te absorbe y te deja libre de fiebre". Se derrama café molido en el ataúd, y en las partes más íntimas del cadáver para evitar que se corrompan rápidamente, y a veces, se mezclan el café con hojas de guayaba.

En las ofrendas que se tributan a los muertos, jamás falta la taza de café que siempre apetecieron. El café es el gran alcahuete de las brujerías y no debe tomarse en todas partes.

CAIMITO BLANCO
OBATALÁ

Para cargar "prendas" y dar fuerza a los "mpakas" (talismanes). Muy efectivo como alimento para hacer "trabajar" a Oyá a favor de determinada persona. El cocimiento de las hojas y la raíz, combate la obesidad en baños corporales.

CAISIMÓN
YEMAYÁ

Es de Yemayá, y otros dicen que Changó o Babalú-Ayé. Las hojas tibias aplicadas al vientre, con manteca de corojo y cacao, bajan la inflamación producida por orquitis. Las hojas como fomentos son usadas para la erisipela, la irritación de las quebraduras, de los forúnculos y del vientre. El cocimiento de la raíz para la cistitis y la gonorrea.

CALABAZA
OSHÚN

A los "asentados" en "Itá" (lectura del porvenir), si les sale la "letra" o signo "Obara Melli", deberán respetar las calabazas; no pueden regalárselas a nadie, pues son hijas legítimas del orisha Changó en un camino "Obara". El ebbo o sacrificio que aconseja este signo para triunfar en cualquier obstáculo, comprende un gallo, un cesto de calabaza, ñame, plátanos y dos o cuatro macitos de leña para quemar la ropa del que hace el "ebbú" junto a una palma real, y que después vestirá de limpio, con "ashó fun fun" (traje blanco).

Este ebbo reproduce el que hizo Obara en la selva. La primera cazuela de congo fue una calabaza. Mucho antes que en cazuela de barro, la "ganga" se guardó en "Nkandia (calabaza). En el campo de la medicina, el "onichoggún" o el "inkisi" la emplea en cataplasmas para aliviar el ardor de las quemaduras. Las semillas pulverizadas mezcladas con leche hervida son tradicionalmente conocidas para el tratamiento y expulsión de la lombriz solitaria. El zumo se aplica a los eczemas. La tripa se fríe con aceite y semilla de mamey colorado para el pelo. Hace crecer el cabello y le da gran brillantez

CAMPANA
OBATALÁ

Se emplea en el omiero de este orisha. También para "despojos" y purificadores de las casas (para Ibora Omi tutu) y en baños. El zumo se emplea para la bronquitis, pues facilita la expectoración. La raíz y la corteza es utilizada para contrarrestar los efectos de la embriaguez, pero no debe administrarse durante la borrachera, sino después. La flor para hacer cigarrillos sirve para calmar el ahogo, "se tuesta al sol, se hace picadura y se envuelve en papel".

CANELA DEL MONTE
OSHÚN

Es el árbol por excelencia de la "Venus Lucumí". Con la canela prepara todo sus "filtros", "afoches" y talismanes amorosos. En el terreno del amor resuelve todos los problemas que se le plantean al "babalosha" y al "palero". Tiene un gran poder de atracción y es indispensable para todas las cuestiones amorosas. Hecha polvo, y con aguardiente, es alimento de algunas "prendas" congas.

La limaya de la piedra Imán se rocía siempre con canela y pimienta de Guinea. Como se hace con el "palo guachinango", se lleva una astilla de este árbol en la boca cada vez que va a formularse una petición de cualquier índole, la más difícil de obtener.

Las mujeres galantes "que necesitan gustar" deben mezclar con polvos de canela sus polvos de la cara, porque la canela atrae a los hombres "como la miel a las moscas", y así tendrán siempre muchos intereses por sus encantos.

El palito de canela en la boca, para "engatusar" y seducir, la esencia en el baño, etc., son empleados con verdadero éxito a través de la sacratísima "Oshún Panchaggara".

El arte de curar de santeros y paleros, es empleado en jarabes para los resfriados intestinales, contener las diarreas y los vómitos sanguinolentos. Recuérdese que Oshún castiga enfermando el vientre, y a la vez lo cura.

CANUTILLO
CHANGÓ, OBATALÁ

En purificaciones con canutillo se lavan todos los orishas femeninos. En cocimiento es diurético. El blanco es excelente para lavar los ojos. El morado, en baños, es muy beneficioso para "despojos" y buena suerte. El canutillo morado, campana blanca, albahaca y paraíso, todo hervido, se echa en una tina con "espíritu vencedor", "espíritu tranquilo" y "amansa guapo".

CAÑA DE AZÚCAR
CHANGÓ

El azúcar endulza por igual al ángel como al enemigo. En un vaso de agua se mete una vela encendida y esta agua se endulza con dos cucharadas de azúcar, se mete un papel con el nombre del que se desea "endulzar" y conseguirá de él, lo que se desea. A Changó se le ofrece cortada en trozos en un plato con las hojas de la misma caña de azúcar.

Es muy importante en la liturgia o ritos de "Abakuá". Si se cruzan dos pedazos de caña y se colocan en el suelo ante el "ireme", éste permanecerá inmóvil y no se atreverá a avanzar

CAOBA
CHANGÓ

El zumo de las hojas sirve para contener la sangre de las heridas. En cocimientos de la corteza es usado para la purgación y "flores blancas". La raíz para resguardo en los que padecen sonambulismo o de pesadilla angustiosa, para los neuróticos que se encuentran al margen de la locura. Las hojas para "despojar" a los locos o a los que pierden pasajeramente el juicio. En baños tranquiliza a los que están ya enteramente locos, y en los tratamientos en casa del "Padre Ganga".

CEBOLLA
OBATALÁ

La pequeña molida y pulverizada con los palos "fuertes" y "sollanga" (bichos) de la ganga, se da a tomar y enloquece. Es diurética ya que disuelve los cálculos del riñón y de la vejiga. Cruda evita los catarros y la influenza. Si se come cocida al acostarse, hace conciliar el sueño a los que padecen de insomnio; destruye los tumores y panadizos aplicados en cataplasmas de linaza.

CEDRO
CHANGÓ

El cedro es uno de los árboles más sagrados que existen para los lucumís. Changó fugitivo, reposó en su sombra. No puede quemarse su santa madera y es la indicada para construir reliquias y atributos del orisha: estatuas y cruces (iya).

Son muchos sus misterios; es Awo. Así, para que el mal bajo ningún aspecto penetre en el interior de la casa, se coloca una crucecita de cedro atada con una cinta roja detrás de la puerta. Los mayomberos construyen con su madera sus "nkisi malongo" de la misma familia de los muñecos ("ita", "chicherekú) de los lucumís, que caminan de noche y van a hacer maldades por cuenta de sus dueños.

El cedro es uno de los "iggi" más nobles del monte, porque cura muchos males. Las hojas en cocimientos y la resina en jarabe sirven para la hemoptisis y catarros fuertes. Como abortivo: mezclada la raíz con la leche de la palma real y endulzada con miel de abeja. El zumo de la semilla del cedro hembra (pasiá) calma el ardor de las picadas infecciosas. La raíz, la corteza y las hojas, depuran y enriquecen la sangre. Esta tisana se refuerza con raíz de perejil y cura la purgación, y en las mujeres, el flujo y las irregularidades del menstruo.

En tiempo de epidemias, se debe meter un trozo de cedro en el agua de beber. El cedro hembra se empleará para los hombres y el macho para las mujeres. Los herniados marcan una cuchilla sobre su tronco, la plantilla o contorno del pie, y cuando esta cortadura o marca desaparece, también lo hará la hernia.

CHAYOTE
OSHÚN, YEMAYÁ

Las hojas tiernas son usadas para los guisos y comidas que se ofrendan a los orishas. Lo comen Oshún, Yemayá e Inle. Es muy diurético y el cocimiento se recomienda para las enfermedades del riñón y la vejiga. Ayuda a expulsar los cálculos. Con el chayote se hace "dimbo" (jarabe de miel) para la pulmonía.

CHIRIMOYA
OBATALÁ

Se utiliza para "despojos". Las hojas suelen emplearse en el omiero del Asiento. En cocimiento resultan estimulantes en casos de debilidad o decaimiento, y también para combatir las diarreas y los pujos.

CIPRÉS
OBATALÁ

Se utiliza con todos los orishas. Con la rama de un ciprés que crezca en el cementerio los mayomberos llaman al diablo y se arreglan con él. Para hablar con el diablo se hará lo siguiente: Con un gajo de ciprés del cementerio y las canillas de un esqueleto de un muerto, se hace un trazo redondo con yeso blanco, el mayombero se sentará en medio de este redondel y zambulle tres veces a un gatito negro en un caldero de agua hirviendo que tendrá preparado al efecto. A cada maullido que realice el gatito gritará: "Satanás, Satanás", y éste responderá. Preguntará qué le van a dar de comer, porque lo que a él le dan, él se lo da a sus espíritus vasallos. Se le dirá: "Te daré un sapo", él se reirá y firmará, y así quedarán ambos de acuerdo. Pero no firma con tinta y lápiz. Las firmas del pacto que se realice se harán con sangre de las venas del mayombero. Si no, no hay trato.

La relación del ciprés con el que los mayomberos judíos llaman al diablo y a los espíritus malos tiene su origen en un popular "Tratado de Magia" con el cual "trabajaron" muchos congos antiguos y es la guía de los mayomberos. Ausentes los cipreses de los cementerios, cualquier árbol, hierba o matojo que crezca dentro de sus tapias les suple en todas las "operaciones" de magia negra.

CIRUELA
OYÁ

Es el árbol predilecto de Oyá. Su árbol de batalla. Tres gajos de ciruela servirán de látigo, pues son necesarios para un ebbo de enfermo de resultar Oyá el que se encargue de una curación, y esto naturalmente debe preguntarlo el santero a sus caracoles. Se necesita, además, una cabeza de chivo, una sábana para tapar el enfermo, nueve velas, nueve ekó, nueve varas de género de todos los colores, Ofún (cascarilla), un gallo, dos gallinas, tres palomas, "ekú", "eyá", tres pitos y nueve cocos. Oyá maneja varón con ciruela. Todas le pertenecen.

COROJO
CHANGÓ

Y lo es de todos los santos menos de Obatalá, Oshún y Yemayá. Cuando están enojados con uno de sus hijos, para que se aplaque y le perdone, se baña su piedra y los caracoles que le acompañan en manteca de corojo y miel de abeja. Esta "rogación" se practica seis días: el primero son cuatro racimos de plátanos. El segundo día seis pitahayas. El tercero, una jícara de harina de maíz (ámala) con quimbombó, la miel de abejas, manteca de corojo y seis granos de pimienta de Guinea (atá). Todo adornado con una cinta roja. El cuarto seis calabazas (eleggudi) también adornadas con cintas. El quinto, seis mameyes (amí), y por último, se le sacrifican dos gallos blancos y se le cocina mucho quimbombó sin semillas.

El "otán" se cubre con una tela blanca (afo fun fun). Las ofrendas se le reparten en tres bultos que se llevan a una loma, a la palma real y a la ceiba. Se retira el pañuelo que cubría la piedra del orisha y se le pone al "omó" para quien se ha practicado este rito o ceremonia —con objeto de desagraviar a Changó. La manteca de corojo es una sustancia de gran importancia en el culto de los orishas, quienes continuamente la reclaman para su aseo y bienestar.

Elegguá, Oggún, Changó, Babalú-Ayé y Oyá se tienen siempre untados de manteca de corojo. A ciertos alimentos que se les ofrenda se les pasa siempre un poco de "epó", al maíz tostado y a los bollos de carita de Elegguá y Oyá, al pan y a la mazorca de maíz asado de Babalú-Ayé. En regla de congo sólo se emplea para limpiar a "zarabanda" (a los hierros que simbolizan a "zarabanda"). Los "nikises" (calderos) se frotan también con manteca de corojo.

ESPINACAS
OSHÚN

Se utiliza para cubrir el habitáculo de esta diosa y "refrescarles".

FLAMBOYÁN
CHANGÓ

Es Igguinla (árbol grande de Changó e Inle). A cierta hora de la noche el Flamboyán arde y quema como si tuviera candela dentro de su tronco. Si nos acercamos o si nos sentamos sobre sus raíces lo oiremos crepitar. El motivo de por qué a esa hora, es que Changó y Oyá hicieron un pacto y trataron un asunto. El año que el Flamboyán tiene muchas vainas o flores antes de tiempo, predice o anuncia mortandad infantil en perspectiva. Hay por lo tanto que tomar precauciones y hacer "rogación".

Se hacen rogaciones y se reza en el tronco y se le unta manteca de cacao y ebó de fruta para los muchachos. Babalú-Ayé quiere ir a reposar a su sombra y por esto tiene guerra con Changó, pues éste para que el "viejo" no vaya al Flamboyán, y como sabe que por sus llagas no puede andar en el fango, le forma un lodazal con lluvia. Babá se molesta, echa a volar la epidemia, y es el punto en que perecen los muchachos.

Las vainas del Flamboyán pintadas de rojo sirven de marugas o asheré y se emplean ritualmente para llamar a Oyá. El Flamboyán es muy bueno para el reumatismo y una fórmula excelente es esta: Machacado con jengibre y aguardiente de caña en fricciones, simultáneamente se toma en cocimiento.

FRIJOL DE CARITA
BABALÚ-AYÉ

Con el frijol de carita se hace una pasta llamada "Olelé" para la diosa Oshún. A la manteca de "Olelé" se le pone "bija" y un poco de sal. Con esta misma clase de frijol majado, pero sin sal, se hace el "Ekrú", manjar que se le ofrece a Obatalá.

FRIJOL NEGRO
BABALÚ-AYÉ

Es muy apelado para buena suerte. Frijoles, garbanzos y maíz envueltos en papel por separado, se arrojan en distintas esquinas con tres centavos para propiciarse "espíritus protectores". En el caldo de frijoles negros se disimula un muy poderoso "filtro" amoroso que une inquebrantablemente a los amantes. Se sacan los corazones de dos palomas que sean casadas (cuando están en celo), se les arranca, se tuestan y se reducen a polvo muy fino. Los "rastros" de los interesados y pelos de las sienes, de la nuca, del centro de la cabeza (la cocorotina) y de los sobacos. Todo el pelo, con las uñas de los pies y de las manos, se mezclan y se hace polvo; a éste se le agrega el de los corazones y se dan a tomar, tradicionalmente, en un caldo o sopa de frijoles negros.

GERANIO
CHANGÓ

Es empleada para baños de "despojo". Da suerte, se utiliza para los nervios, para el corazón en cocimiento ligado con toronjil. El más fuerte es el rojo. Para los trastornos ováricos se toma a diario con un huevo y buen vino seco de Jerez.

GRANADA
CHANGÓ Y OBATALÁ

Su fruto se le ofrece a Changó. Las ramas alejan a los fantasmas que suelen, a veces, perturbar. Si consultando los caracoles el signo de "Eyiobe", que predice muerte, se repite tres veces, el adivino puede espantar la mala suerte con hojas y semillas de granada. Pero en este caso no está demás sacrificar una paloma, hacer Ashirima y rayar a todos los presentes. Una brujería que levante ampollas o llagas en el cuerpo, se quita con granada, tres clavos en cruz, que se entizan con hilo blanco y punzó, se cortan tres limones y todo esto se hierve. Con la infusión, se le frota a la persona el lugar que tiene el "daño" y seguramente mata este "trabajo".

El cocimiento de granada es muy eficaz para ennegrecer el pelo y también para expulsar las lombrices y la solitaria acompañada de un purgante de aceite de ricino.

GUAYABA
ELEGGUÁ

El fruto es una de las ofrendas que más gusta Elegguá. Trabaja de preferencia con los "garabatos" (iwó lunguoa) y las hojas "koka" (nganga). A la suerte se le atrae con siete garabatitos. Después que se usan, se pilan. Se cocina un boniato, se unta de manteca de corojo y se le entierra en una encrucijada con jutía, arroz "areche" (frijoles). La persona se "limpia" con el boniato antes de enterrarlo, se llama a Elegguá y se le entrega. Después se bañará con ewe de Oyá grama, grosella, albahaca morada, cucaracha morada, guacamaya, croto, ponasí, malanga amarilla, ewe de Oshún, frailecillo, laurel, mastuerzo, angarilla, mataperro, platanillo de costa, jaboncillo, hojas de fruta bomba y caimito.

Para las quebraduras: se toma una cinta de hiladillo con la medida de la hernia de un quebrado, y se introduce en una rajadura del tronco (musitoto) de un guayabo. Cuando esta hendidura se cierra, desaparecerá la hernia. El cocimiento de los leños y comer frutas verdes funciona como anti diarreico. Para la cura de llagas se usa los baños de las hojas, por su efecto astringente.

GUAYACÁN
OBATALÁ

Es uno de los árboles más fuertes del monte y es muy brujo. Se asegura que es como el "Padre Santo" de todos los "nkuri", y que si se quema su madera despide el mismo olor de la carne de un cristiano que se abrasara. Si en el monte se destruye un "guayacán", todos los árboles de aquél monte se secan y perecen. Hay que saber tumbarlo para que no haya perdición en el monte. Con este palo fuerte se construye un amuleto muy poderoso que se lleva en una bolsita forrada de cuero, adornada de cuentas y de un caracol.

Se compone de guayacán con las tenazas y la punta del rabo de un alacrán (nkutu tatikanga), cabeza de araña peluda, un caballito del diablo, un ciempiés (se le cuentan 5 anillos), cabeza y corazón de aura tiñosa y de lechuza, corazón y uñas de gavilán, siete bibijaguas que deben cogerse cuando van cargando comida rumbo al bibijagüero (todo esto pulverizado, se entiende). Los que reciben este amuleto aprenderán de memoria las oraciones del "Justo Juez", de los "Santos Evangélicos", del "Santo Sepulcro", de la "Guía del Caminante" y de "Cruz de Caravaca". Estas oraciones, después de aprendidas, se queman y las cenizas se incluyen en la bolsa, envueltas en un poco de algodón.

Cuando ya está construido y alimentado este amuleto, se le enciende una vela y se le reza un "Padre Nuestro", un "Avemaría" y un "Credo". Al hablarle se le dirá siempre (antes de entrar en materia): "Los muertos persiguen la cruz y la cruz va detrás de los muertos. El cristiano vivo, va detrás de la cruz".

El guayacán con ceiba, majagua, yamao, amansa guapo, cambia voz y verbena, es inmejorable para dominar una situación "abayuncar" o avasallar a una persona. Y mucho mejor si se le añade a esto un majacito, una culebra y tierra de tres sepulturas.

El palo guayacán no tiene rival para combatir la sífilis. Los bajos con sus hojas "despojan" y vigorizan; los cocimientos purifican la sangre. La resina se emplea por algunos pordioseros "muy vivos" que piden limosnas a nombre de Babá mostrando sus "iléanos" (unas llagas rojizas) y "acarameladas" que no existen en realidad y que finge admirablemente la resina del guayacán.

=H=

HINOJO
OBATALÁ

Se utiliza en todos los orishas Obatalá que "trabajan" con el hinojo para acabar con la "karakambula" (destruir la acción de una brujería). Es el palo de la muerte. Se utiliza en las ceremonias que se le hacen al cadáver de los mayomberos judíos antes de darle sepultura.

=I=

INCIENSO
BABALÚ-AYÉ

Se utiliza para "despojos y baños". En cocimientos regula el periodo y calma el dolor de estómago. Aspirado el incienso "aclara la mente, despeja las malas influencias". Actúa rápidamente contra el dolor de cabeza.

-J-

JENGIBRE

OGGÚN

El fruto del jengibre con la "caña santa" embravece a Oggún. En cocimiento provoca el menstruo y alivia sus dolores. Es recomendado para combatir el ahogo y los males del estómago.

JOBO (CIRUELA)
CHANGÓ

El jobo es la casa de la jutía (ekuté), como la caña brava es la casa de Nanú (Naná Burukú). Con las hojas del jobo se bautiza la piedra de Changó y el muñeco de cedro que lo representa; éste se lleva con un omiero en que el jobo es hierba principal. Se tritura junto con las demás del santo y se ponen en una palangana con agua bendita y agua de coco. El fruto del jobo, parecido al del ciruelo, "gusta mucho a Changó", tanto como la "pitahaya" y el "mamey".

Los mayomberos lo estiman también mucho y lo emplean para "asentar kangome" (los huesos) en el caldero o "mulúnguanga". En baños disuelve la brujería que se recoge en los pies, cuando distraídamente se pisa algún "malembo mpolo", una "wanga" Bangami o una Mpolo gabbo. Para esto se añade al jobo el rompesaragüey, piñón de botija y cedro verde.

En regla de palo cruzado, con la infusión de las hojas de jobo se bautiza "Matari Nsási", o algún muñeco, del género chicheríkú, que se llamará "Knikni" o "Batalla Tonda". Al carnero que se le mata a Changó se le ofrece antes de degollarse una hoja de jobo, de preferencia a la del álamo, que el animal mastica y traga si Changó acepta su sacrificio.

Con el jobo se construyen resguardos y Ozaín. El cocimiento de sus hojas desinflama los pies y facilita la expulsión de los gases, y las telas de color que se lavan con este cocimiento no se destiñen.

LIRIO
OBATALÁ

El zumo es vomitivo y se emplea para arrancar el "bilongo". Con él se prepara también un jarabe para la tosferina.

MALVA TE
OSHÚN

Se utiliza para baños de despojos y de purificación. Para lavar las piedras y atributos del orisha. Se recomienda el cocimiento de malva te para lavar la cabeza a los que tienen el pelo "malagazo", es decir, que no es pelo de "pasas" ni "lacio", pero sospechoso.

MANGO
OSHÚN

Gusta mucho a todos los orishas. Cuando florece demasiado presagia miseria. La semilla machacada en alcohol es un desinfectante excelente. Se recomienda el cocimiento de mango macho con travesera para las hemorragias.

MANÍ (CACAHUETE)
BABALÚ-AYÉ

Tostado y con azúcar dorada se le ofrenda a Oshún. El maní se relaciona mucho con esta santa porque tiene virtudes particulares. Se estima que es afrodisiaco. Cuando hay epidemias, los santeros prohíben que se coma maní.

MEJORANA
OBATALÁ

Se utiliza con los orishas. Con el corazón de una golondrina y la mejorana dejada a secar, se hace un polvo que sirve para "lo que se quiera". Cuando la mejorana crece en abundancia es augurio de prosperidad, si se marchita o no prende, es síntoma de ruina. Una ramita de por sí (sin que se le encante) tiene poder de "iggidé" de amuleto, y debe llevarse siempre en el bolsillo.

La mejorana es muy celosa y a sus cocimientos, que son magníficos, no debe añadirse hojas de ninguna otra planta. Para los histéricos, tomando tres días los cocimientos de mejorana carquesa con tres cogollos de anón, se mejorarán rápidamente.

MELÓN DE CASTILLA
Oshún

Se compra y a los cinco días, el melón se ofrece a Oshún y se le entrega en el río, donde se pasea la diosa en su (okwén) bote. Estas ofrendas frutales son muy a menudo repartidas entre los niños del vecindario por mandato de los dioses, quienes exigen, de vez en cuando, que a éstos se les obsequie con frutas y dulces porque los Ibeyis son niños. Obatalá, igualmente, tiene pasión por los niños.

MIJE
Oshún

Oshún lo quiere ver siempre en su altar. Es tan suyo como el palo de canela. Es empleado para preparar en resguardos el zurrón de recién nacido. Zurrón se le llama a una membrana como una tela en la cual vienen al mundo algunos niños envueltos y que es muy apreciada por ser buena par muchas cosas.

NARANJA
Oshún

Es el fruto que tantas veces reclama "yeyé" cuando baja a bailar con sus omós y adoradores. Es muy recomendable el ofrendarle a Yalodde una cesta de naranjas, pero bien linda en la orilla del río. La diosa, después del baño, saborea siempre con deleite la rica y dorada fruta, que es dulce como ella.

-◎-

ORTIGUILLA
Babalú-Ayé

Hervida se emplea como agua común, no pica y limpia la sangre de impurezas. En cocimiento y mezclada con canutillo y rabo de zorra cura la impotencia, tomándola en ayunas, al mediodía y por la noche.

-℗-

PEONÍA
Obatalá

Se utiliza en todos los orishas. Se emplea en todas las cazuelas (ikoko) que se llenan de hierbas. Para desmenuzarlas y preparar el omiero de Kariosha tienen hojas de peonía. También en la batea de omiero se pone la semilla. Fuera del omiero, la semilla es peligrosísima; si se pisa provoca riñas y desordenes.

PIMIENTA
Obatalá

Se utiliza con todos los orishas. Para "mpolo" maléficos, para rociar y alimentar las "prendas" y "makutos". No se puede prescindir de la pimienta en la composición de la "chamba" (la bebida que se ofrece a las Gangas), la cual las tonifica y estimula. Ésta, como ya sabemos, se prepara con aguardiente, ají guaguao, polvo de palo canela, jengibre, mucha pimienta, ajo y cebolla blanca.

La botella de aguardiente conteniendo estas especies para que se disuelvan, debe permanecer tres días bajo tierra. La chamba que se derrama sobre un "fundamento" adquiere, en contacto con las sustancias mágicas y los espíritus que lo complementan, milagrosas facultades curativas. Lo que queda en el caldero de estas libaciones recibe en los templos de Mayombe el nombre de agua sagrada, e igualmente en un hueco o entre las raíces de una ceiba, el nombre de "agua Ngóngoro" o "de Kimbisa".

Todos los padres e iniciados, y aquellos que han sido presentados a una ganga, han tomado "kimbisa", en la que queda también fundida con el aguardiente y las especies la sangre de los sucesivos y frecuentes sacrificios. La kimbisa les responde el cuerpo de brujerías y los limpia y fortalece, es muy poderosa la energía vital, las fuerzas y virtudes que contiene.

Para una curación, un reparo, para levantar un ánimo o abrir camino, el mayombero emplea a menudo la kimbisa que, bajo la acción del "fumbi", levanta e inclina su caldero y derrama un poco en una jícara y la da a beber a un enfermo, al embrujado o al abatido.

Se le ha pedido al espíritu que "ha visto la enfermedad" ayuda y no tarda, en su consecuencia, en formular su medicina y le hace tomar unos sorbos del "incomparable licor". Este caldo de milagrosas sustancias (sangre, saliva, carroña), en algunos templos constituye la medicina y la comunicación en fechas determinadas. Los mayomberos suelen asegurar que nada puede compararse en virtudes curativas con la kimbisa, pues estima que el omiero no tiene fuerza.

En Mayombe se emplean todas las clases de pimienta, la malangueta, la china, la de costa y la de playa. Sus propiedades mágicas son varias, aunque sólo deben ser reconocidas las que están "rayadas" —lo sabe sobradamente el pueblo, que las aprovecha o las sufre a menudo.

El "Padre Nganga" le da al iniciado siete granos de pimienta con un sorbo de agua bendita y un pedazo de corazón de gallo para que su cuerpo se mantenga sano y resguardado cuando lo ataque las "uembas" y todos los "ntúfi" que mandan los brujos; como el yamao, la pimienta llama y atrae. Así, para lograr que una persona distanciada de otra, un marido que abandonó el hogar, un novio que se obstina rechazando una reconciliación, etc., el brujo o el hechicero recurre a la pimienta.

A estos efectos, sobre las ngangas se preparan los granos que juzgue necesarios para que el sujeto, que aún desea el amor o la amistad de quien lo tiene abandonado, vaya a buscarle resueltamente. El sujeto, al salir de su casa, tomará un primer grado la pimienta que le ha entregado el brujo, luego de trabajada en la ganga respectiva y dirá:

*"Llama a fulano de tal, que responda a mi llamada,
que se alegre de verme, a mi lado, en cada esquina,
y en todo el trayecto que debe recorrer".*

Debes ir arrojando los granitos de pimienta y encomendándoles lo mismo. El último a quien ya la pimienta ha predispuesto, lo lanzará en la puerta de la casa de aquella persona, pues repetimos, que ya la ha predispuesto a su favor, y por lo cual, seguramente lo estará esperando, y al oír su voz le dirá: "Mira que te has tardado en venir", y volverá a ser lo que era antes del disgusto o del desvío.

Llevarás además en la boca un palillo de canela de monte y otro de "cualibri" o "guachinango". Cada vez que pronuncies el nombre de la persona amada y distante escupirás, y con el pie izquierdo, izarás la saliva (simbólicamente pisa sobre la misma persona, y la vences), y la tendrás a tus pies.

Este trabajo por medio de la pimienta dará tan buen resultado que los que vuelvan a quererse, no se darán cuenta del cambio.

Para tener éxito en un negocio que se le vaya a proponer a alguien, o para hacer una repetición de dinero, se conservará en la boca un grano de pimienta que el mayombero ha preparado y endulzado en la ganga mientras se trata el asunto, pues la pimienta facilita la palabra y produce el resultado de lo que se deseaba. Tres, cuatro, siete, cinco o nueve granos de pimienta con pedacitos de coco, mastica el devoto que le ofrece al orisha el sacrificio de un carnero, un chivo, un cochino o un venado.

En este caso, sólo el oferente, o sea, el que ofrece al orisha dicho animal, mastica la pimienta que le escupe en los ojos y en cada oreja de éste, confiándole una petición que dicho animal transmitirá a las divinidades. Los que tienen un resguardo en su interior, es decir, aquellos a quienes el "awó" o un padrino ha hecho tragar un talismán que vivirá en sus entrañas, lo alimentan con granos de pimienta. El número de granos que debe tomar o comer sin triturarlos, se ajustará a la marca o números de su orisha.

PIMIENTA CHINA
OGGÚN

La pimienta china trabaja para malo como "mécua". Con la pimienta de guinea y el zumo, la raíz y las hojas de la pimienta china se prepara un aguardiente para la cazuela de mayombe. El alcohol sirve para bajar la hinchazón.

En cocimientos: tres semillas en una taza de agua repara el estómago y abre el apetito, también para el corazón, la uremia y el dolor de ijada.

Molida con vaselina o aceite se unta en el pecho para la pulmonía. Y en modo preferente, "la pimienta le conserva al hombre su vigor, pues es afrodisiaca".

PINO
CHANGÓ

La raíz posee grandes virtudes que le confiere "Nsasi Mkita". El pino significa el nivel del mundo y crece hasta que ve el mar. Cuando se siembra para suerte, con cuatro o seis centavos se le paga su derecho, y se le dan cuatro huevos y la sangre de un gallo. El que lo siembra, lo hace en cuclillas y termina de pie la ceremonia, invocando siempre a Changó. Cada año se le regala un gallo.

El pino sube y el que lo plantó también. A medida que crece, le ruega, le alimenta año tras año, y el pino agradecido le dará su buena sombra. No dejará su dueño que nadie le corte una rama, pues lo perjudica a él y esto no debe divulgarse y nunca se dice cuándo se sacramenta un árbol. Eshu vive con frecuencia en el pino y allí metido en las ramas se le oye chiflar. El cocimiento de la raíz es bueno para tratar la piorrea y para lavarse la cabeza, también ayuda a crecer el pelo.

PLÁTANO
CHANGÓ

El plátano domina los vientos porque en su tronco se encierran todos los secretos de los santos y de la naturaleza, sobre todo el plátano indio, que es el superior. Todos los seres humanos necesitan del plátano, no sólo para alimentarse, sino para ebbo de salud o de muerte.

Los congos le llaman al plátano indio "makondo miganga", al manzano (el ciento en boca) "mbaka", al guineo (biekerere) y "ntiba". Su fruto gusta a todos los orishas, pero Changó y Yansa son los más aficionados, los que más lo comen. Sobre todo Changó, y tanto le gusta, que en cuanto llega a una casa en la que van a "rogarle" que haga un "trabajo", lo primero que pide es "ogguede", aunque pide también "agguadó" (maíz), y por supuesto, su akukó (gallo) y "aytakuá" (jicotea), pero repetimos, sobre todo, lo primero es el plátano.

Por ello, cuando es necesario amansar a Changó, la "mamaocha" o el "baba" preparan una especie de pomada con manteca de corojo, manteca de cacao y cascarilla. Se untan esta pomada en las manos y llamando y rezándole a Changó se frotan de arriba abajo cuatro plátanos verdes.

Bien frotados y "rogados" estos plátanos se amarran con un lazo rojo y se llevan a una ceiba para que Obatalá lo apacigüe. Para impedir que suceda algo grave, los plátanos se colocan al poniente. Si se desea lo contrario, al oriente.

Cuando Orula recibió el poder de controlar los vientos, vio un hermoso racimo que colgaba de un plátano, lo cortó y se lo llevo a Changó, y le conquistó presentándole aquel racimo. Changó no les perdona a sus hijos que le tomen ni un solo plátano del racimo que continuamente le ofrendan.

Para promover la alegría en una casa, no hay como regar de tiempo en tiempo plátano verde molido mezclado con tabaco. "Lukankansa" (el diablo de los mayomberos) se alimenta preferentemente de plátanos y anda siempre metido en los platanales, los cuales de noche son peligrosos.

También sus guardieros y mensajeros, como el pájaro carpintero, que trabaja en "nfinda" para "cachana", los visitan y se comen los frutos. "Ludu Makondo" (cepa de plátano) y cascarilla de huevo, es lo primero que se necesita para quitarle la muerte de encima a un enfermo.

Los mayomberos opinan que la "cepa de plátano" es vida, por lo tanto, es mucho mejor que un muñeco para recoger la enfermedad grave, por lo que en estos casos, van a meter la enfermedad en la "cepa" para "mutambia furibámba". Lo visten con todo lo que tenía puesto el citado enfermo y lo entierran.

En cambio, los lucumís cambian la vida con un muñeco que se parezca al enfermo, que sea su retrato, y le sacan al enfermo lo malo y lo meten en el muñeco. Luego lo velan como a un muerto entre cuatro velas y lo encierran en el cementerio. Esta ceremonia en Mayombe la hace el mismo "Nkita" montado. El muñeco entre cuatro velas se acuesta al lado del enfermo, que presencia (si tiene conocimiento) todo lo que se hace. Se le pinta la cara con cascarilla y se le tapa con una sábana blanca. Se sacude un palo con nueve cascabeles sobre su cuerpo para asustar a la muerte y se le pasan nueve huevos y nueve pedazos de coco.

Estas "limpiezas" (que también se realizan con aves), se llevan a enterrar al cementerio con su "derecho". Al "onché" o mandadero que se encarga de llevar este ebbo, hay que prepararlo bien, "limpiarlo" lo mismo a la ida que a la vuelta. Se le "despoja" con escoba amarga y tres clases de albahaca, pues el "daño" a menudo también regresa a la casa siguiéndole los pasos.

El plátano morado es tabú para los "ganguleros" y el guineo también. La savia del plátano manzano es uno de los portentos de la naturaleza porque "levantan a los muertos".

Es igualmente eficaz para sanar las úlceras del estómago y curar la ictericia. Con plátano guineo o manzano, aguardiente, maíz y azúcar prieta se prepara un "otí" que Elegguá aprecia mucho. La vasija que contiene el "dengue" en el "Nangale" se asienta sobre hojas secas de plátano.

-Q-

QUIMBOMBÓ
Changó

Es una de las comidas que más le gustan al orisha Changó. Aunque cuenta la mitología que su mujer legítima, Oba Labbi, pérfidamente aconsejada, se cortó una oreja y se la dio a comer en un plato de quimbombó y que en vez de cautivar por este medio, lo que consiguió fue que el dios se alejase de ella.

El quimbombó tiene particularidad de ser muy nocivo a los brujos, los cuales evitan tenerlo en sus casas y mucho menos comerlo, pues, estiman que los "trabajos" que realizarán no tendrían firmeza por resultar resbaladizos. Por tal motivo, los mayomberos se abstienen, como hemos visto, de manipular ninguna planta o "palo" resbaladizo, y los más precavidos ni siquiera lo comerán. Las piezas y atributos de Changó se lavan con quimbombó seco, remojado con malva te.

ROMERO
Yemayá

Sus ramas son magníficas para "despojos". La virtud de sus aromas es un "gran secreto" que los que lo poseen no lo divulgan jamás.

ROMPE SARAGÜEY
CHANGÓ

Es una de las plantas populares y preciosas que le pertenecen a este orisha. Muy utilizada para baños, despojos y purificaciones de las casas, el rompe saragüey, ruda, perejil, epazote, piñón, paramí y alacrancillo (todo hervido), libran al cuerpo de una "mañunga".

Es la hierba que unida a la yaya y a la guara, se emplea en la Regla de Palo Monte, en los siete baños con que se prepara y purifica al individuo que va a "rayarse" (iniciarse).

Antes de derramarse el agua sobre el cuerpo se persigna con ella y bebe tres largos sorbos para limpiar y fortalecerse interiormente. No secarás tu cuerpo con toalla después de cada baño para que se impregne y penetren en tu organismo las propiedades mágicas de estas tres poderosas fuerzas vegetales.

Para proteger la casa contra toda clase de "wangas" o "ndiebos", se pone en la puerta una cruz hecha de rompe saragüey y debajo se dibuja otra con manteca de cacao.

ROSAS
OSHÚN

En baños para atraer se emplean cinco rosas amarillas, azogue, miel de abeja y canela. Los baños para "owó" (para atraer el dinero) se hacen con cinco rosas amarillas, perejil, albahaca, cinco esencias diferentes y miel de abejas.

RUDA
CHANGÓ

Los brujos la detestan porque es su peor enemigo. En la casa donde crece esta planta los "nfoki" no penetran. Por ello es buena precaución tener una mata de "ruda" en el patio de la casa o en el balcón, pues nunca se sabe qué clase de persona vive en la otra puerta, y generalmente son los niños los más expuestos a recoger los daños.

Para amarrar a una persona, se consiguen cinco vellos de quien se desea "atar", se compra un panecillo fresco, se abre por el medio con un cuchillo nuevo. Se colocan dentro del pan los vellos en cruz, los del que "amarra", y arriba de los vellos del que quedará preso. Se juntan las dos mitades del panecillo y se atraviesan con tres púas de palo mirto, para que queden unidos y bien seguros los dos pedazos de pan. Se mete el pan en una lata con cuatro tierras y se siembra en ella una mata de ruda.

Cuando la mata se está agotando, se escoge el mejor de los gajos y se vuelve a sembrar. No se le dará a nadie ni una hoja de esta mata, ni se le toca los viernes.

SÁBILA
YEMAYÁ

Espanta todo lo malo si se ponen en pencas detrás de la puerta. Es depurativo del hígado, de los riñones y de la vejiga.

-T-

TABACO
OGGÚN, ELEGGUÁ, OCHOSI

Elaborado es, como hemos visto, la ofrenda que más aprecian las divinidades masculinas. Todos los orishas varones fuman y mastican "anduyo". Les encanta el "rapé". El jugo de la raíz de las hojas y flores de los tallos verdes en sazón sirve con algunas hierbas más para obtener un gran emoliente. El cocimiento de las hojas se emplea para curar el pasmo. Como vomitivo, con una breva se hace una infusión y se da en cucharadas.

TAMARINDO
OBATALÁ

En el tamarindo apareció por primera vez Nuestra Señora del Carmen; se duerme a las tres de la tarde y es menester cortar sus gajos antes que se "amodorre". Para dormir bien se ponen unos gajos debajo de la almohada, esto producirá sueños tranquilos. El fruto es excelente para los estreñimientos y problemas hepáticos. El cocimiento de la raíz y de la corteza es muy diurético.

TOMATE
CHANGÓ

El zumo se utiliza para el estreñimiento. Gotas del zumo de la raíz son utilizadas para el dolor de muelas. El fruto enriquece la sangre y fortalece la vista.

TUNA
OBATALÁ

Se utiliza para alejar a los enemigos; se cuela una rama de tuna silvestre que se recoge al quinto día de Luna detrás de la puerta.

Durante tres lunas consecutivas se emplea para curar el asma. Se frota la piel del enfermo con aceite de almendra, se untan de ajo las hojas y se le cubre el pecho con ellas, abrigándole bien después.

Para todas las inflamaciones la hoja se unta de aceite de almendra y se adhiere a la parte inflamada.

▪V▪

VAINILLA AMARILLA
OSHÚN

Se emplea para alimentar los amuletos de Oshún.

VERDOLAGA
YEMAYÁ

Se utiliza para tapar y refrescar al orisha. Se emplea en "limpieza" y baldeo para aclarar la suerte.

◦Z◦

ZAPOTE
ELEGGUÁ

Se emplea para "trabajos". Las hojas machacadas y mezcladas con cenizas matan una brujería. Si el periodo es demasiado abundante, se recibe la sombra del árbol. En cocimiento las hojas secas se recomiendan para el insomnio. El polvo y la resina contienen las hemorragias.

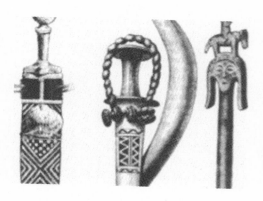

EL MAÍZ

Desde los remotos tiempos en que el hombre primitivo luchaba contra el hambre y la escasez de alimentos, el maíz viene escribiendo su historia y la evolución de su cultivo tiene tal significación que lo coloca como la especie vegetal que marcó el destino de grandes civilizaciones antes de la conquista de América.

Las civilizaciones que alcanzaron un alto desarrollo cultural antes de la conquista española, como la mesoamericana e incaica, se les asocia con el maíz por ser un alimento esencial para esos pueblos —tanto en aquella época, como en esta—, e incluso para otros de distintos hemisferios.

EL MAÍZ EN LOS ABORÍGENES
CUBANOS

Para los aborígenes cubanos la agricultura constituyó su principal fuente de alimentación; conocían el cultivo de diferentes plantas, entre ellas el maíz, aunque fue menos importante que la yuca y el boniato. Sin embargo, elaboraban una bebida con este importante cereal que utilizaban en sus actividades festivas.

Al ser los taínos eminentemente agrícolas, no es de extrañar que su representación mítica no estuviera basada en esa actividad productiva. El maíz no entró en esta categoría —como sí lo tenían sus principales cultivos—, ya que era un alimento complementario y no alcanzó los niveles de importancia que le dieron otras culturas mucho más desarrolladas, como la mesoamericana y la incaica, donde tuvo otras connotaciones.

A pesar que en el cuadro de creencias religiosas de los aborígenes cubanos el maíz no tuvo su representación, cabe destacar que fue en Cuba donde dos mensajeros de Colón, el día 6 de noviembre de 1492, descubrieron esta gramínea y la llevaron a España, dándola a conocer a otras regiones del mundo.

LA REPRESENTACIÓN MÁGICA DEL MAÍZ EN LA REGLA DE OSHA O SANTERÍA

A partir de los inicios del siglo XVI comenzaron a llegar a Cuba esclavos procedentes, primero, de la Española, y después de diferentes regiones del África Occidental, como sustitutos de la diezmada población indígena cubana. De sus territorios de procedencia trajeron sus creencias, costumbres y tradiciones, las cuales se fueron enriqueciendo a medida que se establecía un intercambio con las dos culturas que le antecedieron: la autóctona y la española.

A mediados del siglo XVIII —y gran parte del siglo XIX— llegaron enormes cantidades de esclavos yoruba procedentes de la región suroeste de la actual Nigeria, parte del antiguo Dahomey, y también de la actual República de Togo, pueblo que poseía una desarrollada cultura ancestral. En su penoso viaje,

Yoruba nigeriano.

como único equipaje trajeron sus tradiciones, el recuerdo de sus lejanas tierras, sus creencias religiosas en las que se refugiaron y, por este medio, además de venerar a sus deidades, revivieron sus costumbres, su música, sus danzas e idioma, los cuales, a través del tiempo, conservaron y legaron a las generaciones posteriores, la que hoy forma parte de la cultura nacional cubana.

A la llegada de los yorubas a Cuba, sus creencias sufrieron ciertas alteraciones debido a la religión impuesta por los esclavistas practicantes de un catolicismo al estilo español. Los esclavos se vieron obligados a "combinar" sus cultos con los imperantes en la colonia. Producto de este "sincretismo" se establecieron nuevas valoraciones, produciéndose un complejo religioso llamado la regla de Osha o santería.

Para los creyentes de la regla de Osha o santería, las plantas —ewes— tienen una influencia vital, pues actúan con asombrosa determinación en la existencia espiritual de los creyentes. Son consideradas como verdaderas fuentes de vida por las fuerzas sobrenaturales que de ellas emanan, representadas por su orisha mayor, Ozaín, dueño absoluto de la vegetación terrestre, botánico por excelencia.

Por lo antes expuesto, no es de extrañar que los yorubas, sagaces observadores de todo lo que les rodeaba, especialmente de la naturaleza, pudieran advertir los beneficios que el cultivo del maíz les brindaba en su vida cotidiana, dándole un lugar simbólico en su religión.

Estas propiedades simbólicas adjudicadas al maíz por los creyentes de esta expresión religiosa, ha sido transmitida de generación a generación por sus mayores en religión, imaginados y elaborados por los esclavos en simple asociación con el desarrollo biológico de la planta, y por sus importantes usos que tanto beneficios les diera en su infortunio.

El maíz "pertenece a todos los santos" y explica que sus nombres tradicionales son agguáddo, abáddo, oká y que además, en Congo es masango; "las mazorcas asadas se le ofrecen a Babalú-Ayé, los granos tostados a Elegguá, Oggún y Ochosi. Cortadas las mazorca en varios trozos, a Oshún y Yemayá. Finado a Obatalá y a los Ibeyi, especialmente".

Ahora bien, en relación con la preferencia del maíz por un orisha determinado, algunos creyentes se lo adjudican a Elegguá o a Babalú-Ayé, otros a Changó y a Orisha-Oko. Lo que sí es frecuente oír es que el maíz se le ofrece al santo cuando éste lo indique, ya sea en ebbo o en addimú.

El maíz para los creyentes es tan mágico, que para entrar a los lugares sagrados como el monte y el cementerio, hay que dejar una ofrenda que entre sus componentes se encuentra el maíz, pues es indispensable; además, en algunas ocasiones, se utiliza como sustituto del dinero.

En cuanto a los ebbo y las ofrendas, se realizan de acuerdo a los oddúnes que hayan salido después de consultar a uno de los sistemas de adivinación de la regla Osha o Santería, —el Dillogun o a Ifá—, cada uno de los cuales tienen letras que indican, entre otras cosas, los santos que rigen en ellas, las recomendaciones, prohibiciones, ebbo, ofrendas, plantas, frutas y comidas. Si observamos cada uno de los signos, el maíz está presente con mucha frecuencia en una o varias de las recomendaciones, principalmente en los ebbos, ofrendas y comidas, en general siempre para bien.

Según los creyentes, los ebbos que contienen maíz se realizan sobre todo cuando falta el dinero; la harina y la paja de esta gramínea regada por los rincones de la casa trae el dinero. También sirve para purificar la casa y alejar todo lo malo entre otras formas de limpiezas.

No es de extrañar que al llegar a una casa templo frente a algún fundamento de un orisha, se encuentra un recipiente con agua y rueditas de maíz, de acuerdo al número que le corresponda al santo que se ha invocado. Por lo general es Yemayá, por lo que serían siete rueditas. Esto se realiza para solicitar desenvolvimiento en la vida por una situación determinada del creyente. Se cree que al germinar estos granos en ese medio húmedo, y a medida que van creciendo las plántulas, los problemas se van resolviendo.

Changó con unos granos de maíz.

Las ofrendas, conocidas como adimú, son brindadas a los santos o a los muertos. Puede ser que hayan sido indicadas por los orishas, mediante uno de los sistemas de adivinación o por inspiración del creyente, en agradecimiento por un favor obtenido o para agradarlos. Estas pueden ser de frutas o de comidas preferidas de algún santo.

Algunas de ellas se confeccionan con maíz, por ejemplo el amalá que se le brinda a Changó; el ekó puede ser solicitado por todos los santos, las rositas de maíz agradan a Obatalá y a los Ibeyi; a Obba le satisface la harina con quimbombó y unos queques que se realizan con este cereal.

En las fiestas de cumpleaños de un santo es tradición ofrecer a los orishas —y después a los asistentes— dulces caseros. Entre ellos se encuentra la harina dulce, según los creyentes muy gustada por Oshún. Después que se ha terminado la actividad, el resto que ha quedado de la harina dulce se lleva al contén de la calle y a cuatro esquinas en homenaje a Eshú. Estos son algunos ejemplos sobre las ofrendas que se brindan por los practicantes a sus respetados orishas.

Otra forma en que aparece el maíz con un contenido ritual es en la confección de bebidas que se utilizan en determinadas ceremonias como el saraekó, necesaria en el cuarto día de la semana del Asiento de Santo; el chequeté que se le atribuye a Oggún y el otí (ron), muy gustado por Elegguá, según la tradición religiosa.

De las ceremonias de la regla de Osha o santería, dentro de las llamadas compromisorias, la de Iniciación o Asiento reviste gran importancia en la vida del creyente, porque es en ese momento cuando el iniciado Yawó o Iyawó recibe el santo que va a regir su vida en adelante. Esta compleja ceremonia se realiza durante siete días, y culmina con el nacimiento del creyente en la religión y como miembro de su nueva familia en santo.

En esta ceremonia se realizan varios ritos, entre ellos el ebbo de entrada que lleva entre sus componentes maíz tostado y ekó, al igual que la rogación inicial de cabeza, pero sólo ésta lleva el grano tostado, y por supuesto otras sustancias en ambos casos. Estas actividades se realizan con la intención de que el iniciado llegue "limpio" del mundo profano en que vivía, y fresca su cabeza para el momento en que reciba su santo tutelar.

Una preparación que reviste misticismo, por la importancia que tiene durante la ceremonia de asiento, es la preparación del ashé del asiento, donde el maíz está presente. En la realización de los fundamentos de las deidades que se van a recibir, en particular la de los guerreros —Elegguá, Oggún y Ochosi—, son importantes los granos de maíz tostado. Otras ceremonias, como la del cuchillo, lleva este cereal de la misma forma. El ekó, una de las comidas que se presenta a los orishas, es necesario mostrarlo a los santos en pedazos según el número que le corresponda a cada santo.

Uno de los ritos más interesantes es el que se practica al amanecer del día del Itá, al que le llaman "Saraeko Nangale". Otras familias en santo la realizan más tarde, y consiste en preparar una bebida con ekó y otros productos a la que llaman dengué. Esta actividad se lleva a cabo después de un sacrificio importante. Su objetivo es saludar y dar las gracias al Sol, es decir a Olorun y a Olordumare, por el día que comienza y el buen desarrollo de la ceremonia.

El último día el iniciado en la religión rinde tributo, entre otros, a Elegguá; en una plaza lleva cuatro paquetitos, y el que contiene además maíz tostado lo deja en las cuatro esquinas de ese lugar, y aunque Oyá es dueña de la plaza, su guardiero es Elegguá, por lo que hay que halagarlo, según expresan los creyentes. Cuando el novato regresa al igbodú, lleva un presente para cada uno de sus dioses que recibió en su iniciación. Para Changó en especial, trae entre otras cosas harina de maíz.

De regreso a su nuevo hogar, el último ebbo que le realiza su padrino en santo para culminar la semana de iniciación, lleva también maíz dentro de sus componentes. Como podemos observar en esta ceremonia de particular importancia en la regla de Osha, y en especial para el que se va iniciar en la religión, se utiliza maíz, que como se ha visto a lo largo de estas páginas, se emplea con mucha frecuencia.

Otra ceremonia que reviste importancia en la Regla de Osha, la cual es impredecible, la constituye la del Ituto o Apaciguamiento. Este es un rito funerario que se realiza al creyente que ha fallecido, por lo que hay que despedir y refrescar a ese hijo de santo que va al mundo de los espíritus, preocupación de todos los creyentes de esta expresión religiosa, máxime porque una de las de las creencias es el respeto y veneración a los espíritus de sus antepasados, a los que le confieren poderes sobrenaturales.

Una de las fases de este momento es la preparación de la jícara que acompañará al difunto a su última morada, dentro de la que se colocará, entre otras cosas, maíz tostado y paja de maíz —que puede ir dentro del féretro o llevarlo antes al reino de Yansá (cementerio) y echarlo en la fosa previo a la llegada del cadáver.

La ceremonia no termina en ese momento, a los nueve días se vuelve a reunir la familia en santo, al igual que al año del fallecimiento, llamado éste último "Levantamiento del Plato", donde en verdad termina el vínculo del muerto con todos sus derechos sobre sus propiedades terrenales.

En esta actividad se realizan varios ritos, entre ellos un ebbo en el que uno de sus componentes es el maíz tostado y un almuerzo donde también se incluye; es posible que algunas familias religiosas preparen harina de maíz dulce como complemento de esta solemne ceremonia.

LA MEDICINA Y EL MAÍZ

Uno de los orishas más solicitado en problemas de salud es Babalú-Ayé, patrono de las enfermedades de la piel y en general de los problemas de salud; aunque el médico de la Osha es Inle.

Se le atribuye ser dueño de todos los granos agrícolas, es por eso que los creyentes creen que cura con estos granos. Es posible encontrar detrás de la puerta de una casa donde vive un creyente, mazorcas de maíz seco untadas con manteca de corojo y atadas con una cinta de color rojo, ellos expresan que de esa forma se evita la entrada de las enfermedades al hogar.

También es posible observar, en otros casos, algún saquito de yute con granos tostado de este cereal, producto de algún ebbo que espera ser llevado a su destino. En épocas de enfermedades generalizadas, es recomendación de los santeros llevar una bolsita con granos de maíz con alcanfor como protección del mal. En su fundamento se encontrará diversos tipos de frijoles y granos como ofrenda, donde el maíz estará presente.

Las propiedades medicinales de las plantas son bien conocidas por la población, las que han sido transmitidas de generación en generación en el seno familiar. Los creyentes de la regla de Osha, conocedores de la mayoría de los secretos medicinales, han puesto sus ancestrales conocimientos a disposición de quien lo ha solicitado, teniendo en cuenta que siempre han sido los pioneros en estas prácticas tan efectivas al alcance de todos. El maíz tiene varios efectos para curar diferentes enfermedades, uno de ello, el más conocido, es como un enérgico diurético y en general para problemas renales de cálculos, arenilla en el orine, usando para ello las flores femeninas, conocidas como pelusas o barbas de la mazorcas.

También son magníficas para otras dolencias: intoxicaciones, cólicos, etc. La tusa del maíz se utiliza para secar el sarampión y eliminar la erupción que éste deja en el cuerpo; también se utiliza para aliviar el dolor de cabeza.

Estas son algunas propiedades medicinales que brinda esta útil gramínea, considerada entre los tres principales cereales del mundo, y que a pesar de los avances tecnológicos obtenidos por la ciencia, la población continúa recurriendo a la medicina tradicional como una fuente sana para curar sus dolencias, desprovista de componentes químicos, de fácil obtención y al alcance de todos.

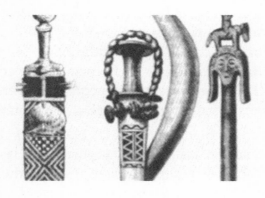

GLOSARIO

ashé: gracia, bendición, virtud. Se dice de los atributos del santo o que radican en él. En la ceremonia de iniciación, es la bendición del orisha.

adimú: ofrenda sencilla de comida o frutas al orisha. Un poquito de cada cosa.

amalá: comida a base de harina de maíz a veces con quimbombó.

ceremonias compromisorias: son aquellas que tienen la característica que una vez recibidas, comprometen al creyente a llevar a cabo rituales adicionales, algunos durante toda su vida, así como observar ciertas prohibiciones o tabúes.

conuco: Pequeña área de cultivo.

Chequeté: Bebida preparada con maíz tostado puesto a fermentar con naranja agria, cocimiento de hierba Luisa y azúcar.

Dillogun: Sistema adivinatorio utilizado por los iniciados en la regla de Osha, consta de 21 caracoles, de los cuales el santero lee 12.

ebbo: Trabajo de santería. Ceremonia de ofrenda, sacrificio o purificación. Los ebbos sirven para refrescar, cumplimentar, enamorar a los orishas. Éstos no son compromisorios.

ekó: Tamal de maíz. Se hace con harina de maíz y otros componentes, envuelto en hojas de plátano. Se le ofrenda a Oshún, Changó y Elegguá.

ewe: Monte, hierbas, bosques; toda la vegetación.

igbodú: Cuarto sagrado. Es el lugar de la casa donde se encuentran los santos en una casa templo.

iyawó: Novato, iniciado en la regla de Osha.

jícara: Nombre que se le da a las vasijas hechas con el fruto de la güira (*Crescentia cujeta*, L. árbol de la familia Bignonácea) cortado en dos mitades, a las cuales se le extrae la pulpa interior, poniéndose a secar la corteza que luego se raspa y pulimenta.

oddún: También oddú, ordún; signo o letra de adivinación en el Dillogun, el Obi e Ifá.

orisha, santos: Deidades del panteón yoruba, cada uno de los orishas vive y es dueño de un elemento de la naturaleza. Una de las características más importantes es ser atribuida la paternidad o maternidad de cada ser humano. Uno es el dueño de la cabeza de su hijo, constituyendo su Ángel de la Guardia.

Regla de Osha: religión popular surgida en Cuba durante la época colonial española, cuyo sistema de creencias y complejo ritual está basado en la reverencia y adoración a los orishas del panteón del pueblo yoruba de Nigeria, sincretizados en su mayoría con santos católicos.

Sistema adivinatorio de Ifá: complejo sistema donde se encuentran todos los secretos y sabidurías de los pobladores de parte de África subsahariana. En América y Brasil actualmente se encuentra extendido por varios países latinoamericanos. A través de sus dos sistemas adivinatorios: el Ekuele y los Ikines, Orula es el orisha parlante de los oddúnes.

Términos yoruba

Abó Adié: Gallina

Abebé: Abanico

Aberinkulá: Una persona o cosa no iniciada

Abure: Hermano, hermana

Achá: Cigarro, tabaco

Aché to: Así sea

Ache de Orula: Los polvos del Yefá que se utilizan en la ceremonia de Ifá.

Acheré: Güiro o maraca pintado para las ceremonias de santería; también se le denomina a los instrumentos del conjunto de güiro que tocan y son del beneplácito de Oshún.

Aché: Así sea, el poder espiritual del universo, talento.

Achelú: Policía

Acheogún Otá: Victoria sobre enemigos.

Achó: Tela.

Achó fún fún: Género blanco.

Adá: Espada.

Adé: Corona.

Adié: Gallina.

Adimú: Ofrenda sencilla de comida al santo; un poquito de cada cosa.

Adodi: Hombre homosexual.

Afefé: Viento.

Afoché: Polvos mágicos para embrujar o hacer maleficio.

Afocheché: Echar polvos de brujería para hacer un "daño".

Agadá: Espada corta.

Agbebe: Abanico que utilizan las orishas que son reinas (Yemayá y Oshún).

Agbó: Carnero se ofrenda a Changó y Yemayá para alabarlos.

Agborán: Retrato. Imagen de madera (talla).

Agguán: Limpieza o exorcismo, también un plato.

Agguoná: Muñeco de madera, significa además espejo.

"Agguona Ki Ibo ogguana": Lo que dice el babalocha al entregarle al consultante la cabecita de muñeca que acompaña al caracol.

Agó: Pedir permiso, tocar a una puerta.

Agogó: Campana, hora o reloj.

Agogonó: Cascabeles.

Agután: Carnera.

Agutaná: Oveja.

Agoya: Entre.

Aira Obi Motiwao: Coco de santo.

Aikú: Salud, larga vida.

Aja: Grupo de varillas de palma de corojo o coco que en la ceremonia son utilizadas como sacudidoras o escobas. También se dice de la escoba de San Lázaro.

Akaró: Uno de los espíritus que se manifiestan como la muerte.

Akukú: Gallo.

Ala: Tela blanca.

Ala: Sueño.

Alagba, Agbalagba: Respetado.

Alamí: Remo.

Ala Aroyé: Enredador.

Alaroyé: Rezo, conversación; también significa revolución; es uno de los nombres de Elegguá.

Aleyo: Creyente, pero no iniciado (también un invitado Incrédulo).

Amalá: Comida a base de carnero y harina de maíz.

Amarre, Amarrar: Trabajo hecho para evitar el abandono de un ser amado.

Aná: Camino.

Ano Burukú (Unlo Burukú): Que se vaya la enfermedad; ¡que se vaya!

Aña: Tambor. Aña es el orisha que vive dentro del tambor batá, es su fundamento o misterio. Este orisha se consagra sólo por Ifá.

Apkuaró (akuara): Codorniz. Se le da de comer a todos los santos porque viene a ser un ashé y es la más fresca de todas las aves.

Apotó: Tinaja.

Arabbá (Ayabbá): Orisha que reside en la ceiba (iroko).

Ara: Trueno.

Ará Kolé (Ibú Kolé y Kolé Kolé): Aura tiñosa (es sagrada porque lleva las invocaciones a Olofi).

Aratacos: Campesinos.

Arayé: Revolución, guerra, alboroto, envidia, mala fe.

Arun: Enfermedad.

Arubbó: Anciano.

Ashé: Bendición o gracia.

Asiento de orisha: Ceremonia de consagración de un santo.

Ataná: Vela de cera.

Ataná Meyi: Las dos velas en una ceremonia.

Ataré: Pimienta de guinea.

Até (Opón Ifá): Tablero utilizado en la ceremonia para "bajar" a Orula.

Awó: Sacerdotes de la regla de Osha y de Ifá. También vasija que contiene el secreto del orisha.

Awó faka: Manilla (iddé) consagrada a Orula que le entregan al iniciado al recibir este orisha.

Ayabuá: Jicotea (tortuga).

Ayé: Caracol.

Ayuba: Nosotros le saludamos.

Ayán: El orisha de los tambores

Babá: Padre.

Babalawo: Padre de los secretos, sacerdote de Ifá que adivina según este método y tiene ahijados dentro de la religión.

Babalocha: Padre de santo. Aquel que inicia a otro, lo cuida y lo orienta en la vida religiosa.

Bajar Santo: Ocurre en diversas ceremonias, pero sobre todo cuando alguien va a ser poseído por un orisha.

Baribá (tierra): Tribu nación Lucumí.

Batá: Tambores sagrados usados en los toques de la regla de Osha.

Bopa: Aro. Atributo de Yemayá.

Busi: Bendecir.

-C-

Caballo de santo: El que es médium de un orisha.

Chiché: Trabajo.

-D-

Didé: Levántese.

Dudu: Oscuro.

-E-

Egun: Los muertos.

Eyelé: Paloma.

Ejá: Pescado.

Eje: Sangre.

Ejo: Caso de cortes.

Ekó: Harina de maíz.

Ekú: Jutía, hutía.

Ekún: Leopardo.

Ekpó: Aceite de alma.

Ení: Estera.

Ení: Persona.

Ese: Pie.

Eyín: Huevo.

Fe: Amor.

Foribale: Postrarse para saludar.

Fun: Para, dar.

Fun fún: Blanco.

Gbogbo: Todos.

Gidigidi: Mucho.

Iñá: Fuego.

Ibú: Arroyo, río.

Ibaé Bayé T' orún: Descanse en paz (Saludo a los muertos).

Igba: Calabaza.

Ikú: Muerte.

Ilé: Casa.

Ilé: Tierra, suelo.

Ilekún: Puerta.

Iré: Bendiciones.

Irawo: Estrella.

Ichu: Boniato africano.

Iworo: Sacerdote.

Iyá: Madre.

Iyalocha: Madre de orisha, sacerdotisa.

Iyawó: Esposo/esposa.

-K-

Kosí: No haya.

Kunlé: Arrodillarse.

-L-

Lo: Ir.

-M-

Maferefún: Alabado sea.

Mi: Mi.

Mo: Yo.

Moducué: Gracias.

Moforibale: Yo te saludo postrándome.

Moyuba: Yo te saludo.

-N-

Nio: Va.

-O-

Obá: Rey.

Obí: Coco, nuez Obí Kola.

Obirín: Mujer.

Odo: Río.

Ododó: Flor.

Ofún: Yeso (hecho de cáscaras de huevo).

Ofo: Pérdida.

Ogun: Brujería.

Okún: Mar, océano.

Oke: Montaña.

Oko: Hombre, esposo.

Olo: Dueño, el poseedor.

Oluwo: Señor de los Awos (babalawo que previamente fue un sacerdote de los orishas).

Omí Dudu: Café.

Omí: Agua.

Omo: Hijo, niño.

Ona: Camino.

Oni: Dueño de...

Opolopo: Suficiente.

Orí: Cabeza.

Orí: Manteca de cacao.

Orún: Cielo, paraíso.

Orún: Sol.

Oshe: Hacha doble.

Osogbo: Influencia negativa.

Otí: Ron.

Owó: Dinero.

Owú: Algodón.

Oyín: Miel.

-§-

Surefun: Bendecido.

-T-

Temí: Mi, mío.

Tie: Tu, su.

Timbelese: Al pie de...

Tobí: Que parió.

Tutu: Fresco.

-W-

Wa: Ven.

Wani: El que viene.

-Y-

Yeye: Mamá.

Yuba: Saludo.

CONTENIDO

TÍTULOS DE ESTA COLECCIÓN